Cocinas del mundo | Caribe

Caribe

Con los platos de:

Wilo Benet • Mario Pagán • Douglas Rodríguez

Cocinas del mundo

COCINAS DEL MUNDO - **Caribe**

Idea original
Jaume Fàbregas

Dirección editorial
Juan Manuel Bellver

Coordinación de la colección
Núria Egido

Asesoramiento gastronómico
Xavier Agulló
R. de Nola
Jorge Osés Labadie

Maridaje vinos/platos (*)
Juancho Asenjo
Luis García de la Navarra

Realización
Mercè Bolló
Esther Buira
Patricia Campo
Judit Cusidó
Lola Hernández
David Ibáñez
Carles Llurda
Meritxell Piqué
Carlos Raventós
Pau Raya Castell
Miguel Ángel Sánchez

Fotografía
Christian M. Kempin / Gastrofotos
Daniel Loewe / Joan Jolis, S.L.
Conrado Pastrano

Edita
Ciro Ediciones, S.A.

Maquetación
New Color Book, S.L.

Diseño de cubierta
WEP Milano

Preimpresión
Digitalscreen

Impresión
Cayfosa Quebecor

Agradecimientos
www.goormet.com por la selección
y búsqueda de restaurantes

Los platos de la cocina tradicional caribeña han sido elaborados por:

Restaurante Habana Vieja (Estefanía Clemente de la Haza), págs. 22, 32, 34, 36, 40, 42, 44, 46, 48, 56, 56, 60, 64, 68, 70, 74, 76, 78, 80, 84, 86, 88, 124, 128, 130, 132

Restaurante Paladar "El Fausto" (Rubén Darío), págs. 30, 52, 54, 82, 92, 102, 104, 108, 114, 118, 120

Restaurante Tocororo (Yilian Pita), págs. 24, 26, 28, 50, 62, 90, 94, 96, 100, 106, 112, 122, 126,134

ISBN 84-609-5056-5 (obra completa)
ISBN 84-609-5072-7 (volumen XXXI - Caribe)
Depósito Legal: B.20718-2005

(*) La elección y comentario de los vinos que acompañan a las recetas son obra de Juancho Asenjo y Luis García de la Navarra

Sumario

Para abrir boca

Maravilloso viaje de aromas y sabores

He tenido la suerte de estar dos veces en la zona tropical y lo que escribo resume mis impresiones. En cierto modo, podemos comparar la cocina caribeña con la andaluza, sobre todo, porque ambas tienen mucho que ver con el factor climático, son ricas culturalmente y disfrutan de gran diversidad, una entre sus archipiélagos, otra entre cada provincia andaluza.

Podríamos destacar a Puerto Rico como sede central de la coquinaria caribeña, sin olvidarnos de Cuba, Santo Domingo, Jamaica, Martinica o el Caribe mexicano, entre otros. Luego, cada una tiene su personalidad. En general es la cocina del picante, del color, de la potencia en sabores y de la máxima utilización de los productos frescos, no sólo la fruta, sino también de los pescados, mariscos o carnes. Un maravilloso viaje de aromas y sabores relacionado con la forma de vivir la vida a ritmo de salsa.

Un ejemplo claro es cómo se refrescan con las aguas de la fruta fresca y flores, como el agua de Jamaica, una flor que se infusiona en frío, con un toque de azúcar, para acabar en líquido refrescante de color púrpura.

Lo que comen los nativos es extremadamente picante, a diferencia de lo que toman los turistas en los macrohoteles. Hay que adentrarse en los pueblos y

en las casas para encontrar esos maravillosos ceviches versionados con zumo de lima y cilantro en los que, dependiendo de la zona, encontrarán añadidos tomate y cebolla. Asimismo, el cítrico está muy presente, lo que convierte a la culinaria en refrescante por la acidez; buena cuenta de ello da el famoso pescado *tikin-xic* envuelto y cocinado en hoja de plátano con zumo de naranja y piña.

En Cuba me llamó mucho la atención que cocinaban con ron, dejando a un lado el vino. Y la carne, que se acostumbra a servir guisada, suele llevar diferentes chiles y su típica guarnición de frijoles, preferentemente en puré. No obstante, las judías se utilizan para mucho más, desde ensaladas y caldos hasta pescados.

A la hora de los postres, se puede destacar el uso que se le da a lo que nosotros llamamos azúcar de caña y que ellos denominan piloncillo y del que resultan unos platos elaborados y aromáticos. Un bello viaje gastronómico. ¡Azúcar!

Daniel García

Cocinas del mundo: Caribe

Las primeras islas que pisó Colón en su descubrimiento de América son en la actualidad un verdadero escaparate de influencias y fusiones gastronómicas. Los productos autóctonos se mezclan con las aportaciones de los colonos europeos, los esclavos africanos y, en ocasiones, elementos orientales. El resultado es una cocina popular, que huye de la sofisticación pero no renuncia al colorido y la riqueza de aromas.

Todavía hoy, las islas del Caribe representan uno de los paraísos vacacionales más deseados alrededor del mundo. Su clima tropical, una naturaleza paradisíaca, la mezcla de culturas y la supervivencia de estilos de vida casi desaparecidos en otras partes del planeta las convierten en un destino turístico de primer orden. Sin duda, entre los atractivos de estas islas se encuentra una gastronomía muy variada, que lleva al extremo las influencias africanas y, en algunos casos, orientales que ya aparecían en el norte del continente suramericano. Las islas caribeñas forman un arco que se extiende desde el extremo del estado de Florida (Estados Unidos) hasta la costa de Venezuela. Desde que Cristóbal Colón descubriera en octubre de 1492 una de las actuales islas de las Bahamas, la historia del Caribe ha estado marcada por la colonización europea, el papel de los esclavos y la lucha por la independencia, aunque algunas de sus islas todavía permanecen bajo el poder de países europeos o Estados Unidos. Su tradición culinaria también ha bebido de todas estas fuentes, por lo que cada isla combina las recetas autóctonas, propias de las tribus nativas, y las técnicas e ingredientes introducidos por cada nación colonizadora. Así, se observan influencias españolas, francesas, holandesas, británicas y orientales en una verdadera Torre de Babel culinaria.

La tradición nativa

Antes de la llegada de los españoles en el siglo XV, las islas del actual Caribe estaban habitadas principalmente por las tribus de los taínos, arawaks y caribes. La gastronomía nativa y la influencia africana, que se extendió por prácticamente todas las islas, suponen los principales puntos en común entre las cocinas de cada país. Las recetas autóctonas se basan en ingredientes como la mandioca, el maíz, los chiles picantes (ají), carne de animales salvajes (iguanas, ciervos, jabalíes, tortugas o conejillos de Indias) y productos del mar, con pescados y mariscos que todavía son la principal fuente de proteínas. Las aguas del Caribe son ricas en langostas, langostinos, cangrejos, gambas, pulpos, meros, barracudas, peces espada, atunes o bonitos. También es muy popular el bacalao, que se acostumbra a preparar en forma de buñuelos. Entre las tradiciones nativas destaca la preparación de las carnes sobre cañas trenzadas que, desde época precolombina, en la actual República Dominicana ya se conocía como "barbacoa". La tradición culinaria africana llegó de mano de los mismos colonizadores, que trasladaron a miles de africanos a las islas para que trabajaran en

las nuevas plantaciones, principalmente de caña de azúcar. Los dueños de los cultivos les proporcionaban escasas cantidades de arroz, bacalao, judías o carnes, por lo que los esclavos se vieron obligados a activar la imaginación para reproducir algunos de sus platos tradicionales. También aprovecharon un clima similar al de sus lugares de origen para cultivar verduras, legumbres y especias con las que condimentar sus platos, que acostumbraban a preparar en forma de guisos, estofados o sobre brasas. La combinación entre la tradición nativa, la cultura africana y las influencias colonizadoras permite que cada país presente unos rasgos culinarios propios, conocidos en todo el Caribe bajo el epígrafe de "cocina criolla", que identifica a las recetas nacidas en la isla a partir de la fusión de todos estos elementos.

Cuba, sabor español

A la complejidad de las influencias europeas y africanas, en algunos países cabe añadir la aportación de las recetas de cada región. Uno de los mejores ejemplos es Cuba, donde los platos de arroz y carne de cerdo predominan sobre el uso de verduras y el pescado. El plato nacional por excelencia es el ajiaco, a medio camino entre una sopa y un guiso, en el que se mezclan una gran variedad de ingredientes: carne de cerdo, maíz tierno, boniato, yuca o mandioca, plátano o la llamada "salsa criolla", elaborada con tomate, cebolla, ajo y diversas especias. El abundante uso del arroz se observa en platos como el famoso arroz a la cubana, con huevos, plátanos, carne o cebolla; el arroz moros y cristianos, con frijoles negros y que se sirve como acompañamiento; o el congrí oriental, con frijoles colorados y de origen africano. Los frijoles acostumbran a prepararse junto a un sofrito de cebolla, ajíes, ajo, laurel y comino.

La carne de cerdo puede presentarse de múltiples formas, entre las que destacan frita, asada al horno o a la púa –con el animal entero, destripado y afeitado–, o en forma de chicharrones. Con carne de res se prepara el picadillo a la habanera, con la carne cortada en pequeños dados y acompañada de verduras. El popular plato ropa vieja aprovecha los restos de carne asada para prepararlos con tomates, cebollas y pimientos. Pese al predominio de la carne, también pueden encontrarse populares platos de pescado, elaborados a partir de pargo y cherna (mero), cocinados en filetes y bastante hechos.

La cercanía entre mar y cocina también permite disfrutar de marisco fresco, preparado sin demasiado adorno. Es el caso de la langosta a la mariposa, cocinada a la plancha y sin cabeza; la sopa de camarones, con maíz, cebolla y manzana; o los camarones en brocheta. En la zona de Cárdenas, en el norte de la isla, se preparan unos enormes cangrejos con limón o tomate; mientras la cola de los cocodrilos de la ciénaga de Zapata, cerca de La Habana, se guisa o prepara a la plancha. Otro de los ingredientes imprescindibles en la cocina cubana son los plátanos verdes, que acostumbran a servirse fritos, como aperitivo o acompañamiento de platos de carne. Los tostones o plátanos a puñetazos se elaboran cortados a rodajas, aplastados a golpes y fritos en manteca; los plátanos chatinos se fríen en rebanadas gruesas; las chicharritas son pedazos de plátano cortados en discos, fritos y sazonados; y el fufú, de origen africano, es una especie de puré de plátanos con ñame. Entre los postres, destacan la enorme variedad de frutas tropicales, encabezadas por las piñas o plátanos, pero también los helados de vainilla y canela, mermeladas, arroz con leche, coco rallado con queso o el boniatillo, elaborado a partir de boniatos en puré, con almíbar, vino dulce y ron.

Puerto Rico y la comida rápida

En Cuba, el bloqueo económico ha impedido la expansión de las grandes cadenas de comida rápida estadounidenses. Todo lo contrario sucede en Puerto Rico, donde el dominio norteamericano ha llenado el país de hamburgueserías, pizzerías o establecimientos de cocina mexicana. La cocina criolla se mantiene gracias a la tradición familiar y a algunos programas estatales que apoyan a los restaurantes que siguen ofreciendo recetas tradicionales. En líneas generales, la oferta culinaria puertorriqueña presenta numerosos puntos en común con la cubana, con influencias similares, aunque con algunos rasgos propios que merecen comentario.

Entre los platos autóctonos destacan el imprescindible *mofongo,* con plátano verde machacado y frito con una salsa de ajo; el casabe, unas tortas preparadas con harina de mandioca; los *surullos,* rollitos de harina de maíz y queso; las patatas rellenas, que suelen servirse como acompañamiento o el *asopao,* un arroz muy caldoso que puede servirse con pollo o pescado. Como en Cuba, también son muy populares el arroz blanco con habichuelas, los frijoles fritos y los mariscos.

República Dominicana y Haití

La influencia española también es innegable en la cocina de República Dominicana, donde vuelven a repetirse los platos y técnicas de cocción de Cuba o Puerto Rico. Por ejemplo, una versión del ajiaco cubano es el sancocho, un guiso de larga elaboración en el que se mezclan todo tipo de carnes y verduras; o el arroz moros y cristianos, que se conoce únicamente como "moros" y en cuya elaboración, en algunas regiones costeras, se utiliza leche de coco. Entre las recetas con maíz destacan el *chenchén,* con pequeños trozos de maíz hervido y acompañados de carne de chivo guisada; o el *chacá,* un postre con leche, azúcar y canela. También son populares las morcillas y embutidos, o la catibía, una empanada rellena de carne, queso o pollo elaborada con yuca. Tanto en República Dominicana como en la mayoría de países caribeños, el caluroso clima obliga a extremar las precauciones en la conservación de los alimentos. Por ello, son habituales los pescados en escabeche o las frituras. República Dominicana comparte isla con Haití, un país que presenta mayor influencia francesa y resulta una buena puerta de entrada a las llamadas Antillas francesas. Sin embargo, se trata de un país con pocas tierras fértiles y una situación política tradicionalmente complicada, que le ha llevado a vivir una situación de pobreza. De nuevo, la obligación de subsistir con los pocos ingredientes que se tenían a mano permitió aprovechar al máximo las propiedades nutritivas del arroz, los frijoles, los cítricos o las frutas tropicales.

Jamaica, elogio a la fusión

La fusión y colorido que caracterizan a la gastronomía caribeña alcanza en la isla de Jamaica uno de sus puntos álgidos. A las influencias ya comentadas cabe añadir algunos elementos orientales, que convierten a esta cocina en una de las más picantes y especiadas del Caribe. Esta isla cuenta, además, con una tierra especialmente fértil que permite, por ejemplo, el cultivo de decenas de variedades de mangos. Uno de sus símbolos de identidad es la salsa *jerk,* elaborada con una mezcla de especias (tomillo, pimientas, ají, canela), cebolla, nuez moscada o sal, que se utiliza para acompañar a carnes y pescados. También cuenta con productos autóctonos, como la fruta *ackee,* que crece en enormes árboles y que normalmente se hierve en agua o leche, o la verdura *callaloo,* similar a la espinaca y que

forma parte de una de las sopas más populares del país, la *pepperpot,* que también incluye pedazos de carne asada. Entre sus platos característicos destacan el *stamp and go,* un aperitivo a base de buñuelos de bacalao, elaborados con una masa muy sabrosa y condimentada; el *sumario* de carne o pescado, cocinado con leche de coco y pimientos; o el *bammy,* un pan redondo elaborado con yuca. Entre sus dulces se encuentra la tarta de coco Guizzada o *pinch-me-roun'.*

Sabor europeo y oriental

Este sabroso paseo por las islas caribeñas debe completarse con las influencias recibidas de distintos países europeos por parte de los pequeños archipiélagos. Las islas de Guadalupe y Martinica concentran la herencia más importante de la colonización francesa, cuyas huellas también permanecen en otras pequeñas islas del sur del Caribe. Junto a los dulces y productos de pastelería, la cocina criolla francesa se caracteriza por recetas como los cangrejos rellenos, los guisos de pescado con tomate y hierbas, los caracoles al ajillo o los pescados especiados y escalfados. En Trinidad, la herencia española se vio enriquecida por la aportación de las cocinas china e india. En la actualidad, los *roti* –panes especiados con *curry* a modo de empanada– son una seria competencia de la comida rápida estadounidense. En las Antillas holandesas, situadas frente a la costa de Venezuela, también se observa una fuerte presencia de sabores y aromas orientales, fruto de la relación entre los Países Bajos e Indonesia.

Por último, conviene citar el gusto por los platos de productos del mar en las islas de las Bahamas, como los cangrejos hervidos, las ensaladas de langosta o los guisos de pescado.

Antes de finalizar, conviene señalar que muchos de los platos relacionados con un país concreto pueden contar con variaciones en otras zonas del Caribe. Este acercamiento al exotismo de la cocina caribeña ha permitido también adentrarse en algunos elementos característicos de la que todavía es, sin ninguna duda, la cocina más desconocida e ignorada del mundo: la africana. Pese a su exotismo, e sabio uso de los ingredientes autóctonos o la variedad de influencias, la gastronomía caribeña posee la virtud de la sencillez, en una buena muestra del origen popular de todos sus platos. Explorar sus recetas puede llegar a convertirse en una oportunidad única de viajar hasta estas exóticas y ansiadas tierras sin moverse de la propia cocina.

Cocinas del mundo

Entrantes

Dificultad: baja
Preparación: 15 minutos

Ensalada de aguacates

Ingredientes para 4 personas

2 aguacates maduros
1 cebolla
Sal
Zumo de 1/2 limón
Aceite de oliva

El vino

Acompañar de un vino blanco sin crianza con D.O. Chacolí de Vizcaya, de la variedad hondarrabi zuri, o de un vino espumoso Brut de la zona del valle de Napa en California (EE.UU.), elaborado con chardonnay.

Se pelan los aguacates con cuidado y se cortan en láminas de aproximadamente un centímetro de grosor. Se colocan en un plato y se condimentan con sal, zumo de limón y aceite de oliva. Se cortan unos aros finos de cebolla y se disponen sobre el aguacate.

Por las condiciones de clima y suelo de Cuba, la isla está considerada como un paraíso del aguacate, y su consumo es habitual en la mesa cubana. El nombre de aguacate deriva del nahua *ahuacatl*. Cuando los españoles invadieron los imperios azteca e inca hallaron ya cultivos de aguacate desde México hasta Perú y bautizaron al fruto con el nombre de "pera de las Indias" por su parecido exterior con las peras españolas.

Dificultad: baja
Preparación: 15 minutos

Ensalada caribeña

Ingredientes para 4 personas

1/2 lechuga iceberg
1/2 remolacha
2 piñas
1/2 aguacate
1 pepino
2-3 palmitos
2 zanahorias
2 rábanos
2 huevos cocidos
1 cebolla
1 tomate
Aceitunas
Vinagre balsámico
Aceite
Sal

El vino

Servir con un vino blanco sin crianza de la Tierra de Castilla y León, de la variedad gewürztraminer, o con un vino blanco sin crianza de la zona de Mendoza (Argentina), elaborado con torrontés.

Se lava y se pica la lechuga en juliana fina y se dispone en el centro de una fuente o de los platos. Sobre la lechuga se colocan la zanahoria, los rábanos y la cebolla cortados en rodajas finas. Los tomates se lavan, se cortan en rodajas de tamaño medio y se disponen a un lado del plato junto con la remolacha y la piña. En un extremo van unas rodajas de pepino, en otro el aguacate y, en los laterales los palmitos y los huevos cocidos cortados en rodajas. Se esparcen las aceitunas y se aliña la ensalada con una vinagreta preparada mezclando el aceite, el vinagre y una pizca de sal.

Esta ensalada, que conviene servir bien fresca, admite variaciones según la época del año y los gustos.

Dificultad: baja
Preparación: 15 minutos
Cocción: 5 minutos

Cóctel de camarones
Cóctel de gambas

Ingredientes para 4 personas

1 kg de gambas
2 hojas de laurel
1/2 lechuga
4 gajos de limón
Sal
Pimienta
Hielo picado
Menta (para decorar)

Para la salsa rosa:

Ketchup
Mayonesa
Zumo de naranja
Mostaza

La bebida

Acompañar de un Cava Brut Nature joven, elaborado con xarel·lo, macabeo y parellada, o de un cóctel de champán.

Se lleva una olla al fuego con agua abundante y, cuando rompe el hervor, se echan las gambas, ya peladas y limpias, junto con el laurel, la sal y la pimienta. Se dejan cocer durante cinco minutos, se cuelan y se reservan para que se enfríen. Se pican unos cubitos de hielo y se distribuyen en la base de cuatro copas de cóctel. Encima se coloca una capa de lechuga lavada y finamente picada y, sobre ella, las gambas mezcladas con la salsa rosa, previamente elaborada mezclando los ingredientes en las proporciones deseadas según el gusto de los comensales. Se decoran las copas con los gajos de limón y una ramita de menta.

El cóctel de gambas debe servirse siempre muy frío. En Cuba no se establece, como en España, diferencia alguna entre gamba y camarón.

Dificultad: media
Preparación: 1 hora
Cocción: 1 hora

Tamal en su hoja

Ingredientes para 4 personas (8 tamales)

8 hojas de mazorca de maíz
3 tazas de maíz molido
1 taza de agua
500 g de masas de cerdo
3 dientes de ajo
1 cebolla
1 pimiento rojo
1/2 taza de tomate frito
1/4 de taza de vino seco
Sal
Pimienta

El vino

Acompañar de un vino blanco fermentado en barrica con D.O. El Hierrro, elaborado con las variedades bremajuelo y pedro ximénez, o de un vino tinto sin crianza de la zona de Baja California (México), de la variedad misión.

Se mezcla el maíz molido con la taza de agua en un recipiente y, al cabo de unos tres o cuatro minutos, se cuela. Se lleva una sartén al fuego, se fríe la carne de cerdo y se reserva. Con la grasa resultante, se hace un refrito en la misma sartén con el ajo, la cebolla y el pimiento finamente picados, el tomate frito y el vino seco. Cuando la cebolla y el pimiento estén blandos, se agrega el maíz molido y la carne reservada con anterioridad y se condimenta el conjunto con sal y pimienta. Esta mezcla se coloca en el centro de las hojas de la mazorca de maíz, que se cierran en forma de rollo y se cuecen en agua hirviendo durante aproximadamente una hora.

La palabra tamal se deriva del nahua *tamalli.* Esta especie de empanada puede ir envuelta en hojas de mazorca de maíz o de plátano. También es posible cocinar simplemente la masa de carne y maíz en moldes.

Dificultad: media
Preparación: 1 hora
Cocción: 1 hora

Saladitos

Ingredientes para 4 personas

200 g de queso gouda
1 cucharada de maicena
50 g de mantequilla
250 g de carne picada de ternera
1 pimiento rojo
2 dientes de ajo
12 gambas
Harina
Pan rallado
Limón

El vino

Acompañar de un vino blanco espumoso Brut Nature joven de la Tierra de Castilla y León, elaborado con viura, o de un vino blanco sin crianza con D.O.C. Verdicchio dei Castelli di Jesi (Italia), de la variedad verdicchio.

Se tritura el queso gouda bien fino y se mezcla con maicena y mantequilla reblandecida para formar una pasta consistente. Por otro lado, se mezcla la carne con el pimiento rojo y el ajo bien picados y un poco de pan rallado. Por último, se retira el caparazón de las cabezas de las gambas-conservando las patas, se enharinan y se fríen en aceite abundante hasta que queden crujientes.

Se forman bolitas con la pasta de queso, se fríen en aceite abundante y se reservan sobre papel absorbente. Se forman también bolitas de carne y se procede de la misma manera. Se disponen las frituras en los platos y se decoran con una rodajita de limón.

Estos bocaditos son ideales como aperitivo de cualquier comida caribeña.

Dificultad: baja
Preparación: 35 minutos
Cocción: 25 minutos

Fufú de plátano
Puré de plátano verde

Ingredientes para 4 personas

2 plátanos verdes machos
2 plátanos pintones machos
250 g de masas de cerdo magras
1 huevo
Sal

El vino

Acompañar de un vino blanco sin crianza con D.O. Ribeira Sacra, de la variedad albariño, o de un vino blanco sin crianza de la zona del valle de Barrosa, elaborado con las variedades semillon y pedro ximénez.

Se pelan los plátanos y se cortan en trozos. Se lleva una cacerola al fuego con agua y se hierven primero los trozos de plátano verde y, al cabo de un cuarto de hora aproximadamente, se añaden los de plátano pintón, es decir, un poco maduro. Mientras se cuecen los plátanos, se fríe la carne de cerdo cortada en dados pequeños y espolvoreada con sal en su propia manteca. Cuando la carne esté hecha, se mezcla con los plátanos y un huevo y se tritura todo junto en caliente hasta obtener una masa homogénea, que puede comerse como entrante o servirse como guarnición.

La comida que normalmente se daba en Cuba a los esclavos africanos durante la dominación inglesa era plátano hervido y machacado. Se dice que los tratantes ingleses acostumbraban a gritar “food, food!” (comida, comida) cuando repartían las raciones, y de ahí a “fufú” sólo hubo un paso. Este plato se consume en otras islas caribeñas bajo denominaciones como mofongo (Puerto Rico), mangú (República Dominicana), matajíbaro, etc.

Machuquillo
Buñuelos de plátano verde con chicharrones

Dificultad: media
Preparación: 35 minutos
Cocción: 20 minutos

Ingredientes para 4 personas

3 plátanos macho verdes
150 g de chicharrones
2 huevos
Sal
Aceite

El vino

Sírvase con un vino tinto joven sin crianza de la Tierra de Castilla, de la variedad cencibel, o con un vino tinto sin crianza de la zona de Stellembosch (Sudáfrica), elaborado con pinotage.

Se pelan los plátanos y se cortan en rodajas de unos tres centímetros, que se fríen en abundante aceite a 60 ºC para permitir la correcta cocción del interior de la fruta. Cuando están blandos, se aplastan con ayuda de un utensilio plano y se vuelven a freír en abundante aceite, esta vez a 180 ºC para que queden dorados y crujientes. Se retiran y se reservan sobre papel absorbente para que escurran el exceso de grasa. A continuación, se llevan a un recipiente junto con los chicharrones y los huevos y se trituran con la batidora. Cuando la mezcla esté homogénea, se sala y se forman buñuelos con ayuda de una cuchara. Se fríen en aceite bien caliente hasta que se doren.

Estos buñuelos de plátano macho y chicharrones pueden servirse para picar o como acompañamiento de platos de carne o pescado. En Cuba, son especialmente célebres las costillas de puerco con machuquillo.

Dificultad: baja
Preparación: 25 minutos
Cocción: 20 minutos

Tostones
Rodajas de plátano macho verde fritas

Ingredientes para 4 personas

3 plátanos macho verdes
1 diente de ajo
1 taza de agua
Aceite
Sal

El vino

Acompañar de un vino blanco sin crianza con D.O. Montsant, de la variedad garnacha, o de un vino blanco seco sin crianza de la zona del Valais (Suiza), elaborado con chasselas.

Se pelan los plátanos y se cortan en rodajas de aproximadamente un centímetro de grosor, que se fríen en abundante aceite a 60 °C para cocer el interior. Entre tanto, se mezclan en un bol una taza de agua, un buen puñado de sal y un diente de ajo finamente triturado. Cuando las rodajas de plátano están blandas y han tomado color, se retiran con una espumadera y se aplastan con ayuda de un utensilio plano hasta obtener un grosor de unos dos o tres milímetros. Se deja calentar el aceite a unos 180 °C, se mojan las rodajas de plátano en la mezcla de ajo y se vuelven a freír para que queden doradas y crujientes.

Además de en todo el Caribe, los tostones son populares en muchos países de América del Sur y Centroamérica. En Cuba son también conocidos como chatinos.

Tostones rellenos de camarones
Tartaletas de plátano verde frito rellenas de gambas

Dificultad: media
Preparación: 50 minutos
Cocción: 25 minutos

Ingredientes para 4 personas
3 plátanos macho verdes

Para la enchilada de camarones:
400 g de gambas
2 dientes de ajo
1/2 cebolla
1/2 pimiento rojo
1 ramita de perejil
1/2 taza de salsa de tomate
1/4 de taza de vino blanco
1/2 cucharadita de salsa Worcestershire
1 hoja de laurel
Aceite
Sal
Pimienta

El vino

Acompañar de un vino blanco sin crianza con D.O. Rueda, de la variedad verdejo, o de un vino blanco sin barrica con D.O. Vinho Verde (Portugal), elaborado con alvarinho.

Primero se prepara el relleno de gambas (ver *Enchilada de camarones*). Para los tostones, se pela el plátano macho verde y se corta en trozos de unos tres centímetros, que se fríen en la sartén con abundante aceite hasta que comiencen a tomar color. Se escurren sobre papel absorbente y, cuando se entibien, se moldean en forma de tartaleta y se vuelven a freír durante tres minutos más para darles un punto crujiente. Finalmente, se rellenan las tartaletas con la enchilada de camarones.

El plátano hay que freírlo con sumo cuidado y calentar el aceite a temperatura elevada para evitar que se deshaga. Otras opciones muy caribeñas de relleno para estos tostones son carne de cangrejo, langosta, salmorejo de jueyes, una combinación de pollo y jamón o un picadillo.

Dificultad: baja
Preparación: 25 minutos
Cocción: 20 minutos

Maduros fritos
Plátano maduro frito

Ingredientes para 4 personas

3 plátanos macho maduros
Aceite

El vino

Acompañar de un vino blanco sin crianza con D.O. Rías Baixas, de la variedad albariño, o de un vino blanco sin crianza con D.O.C. Collio (Italia), elaborado con pinot grigio.

Se pelan y se cortan los plátanos maduros en rodajas, que se fríen en una sartén o freidora con abundante aceite. Se dejan escurrir sobre papel absorbente y se sirven como aperitivo o acompañamiento, por ejemplo de un sencillo arroz blanco o de carne asada.

Los maduros se pueden preparar con cualquier tipo de plátano, y quedan también deliciosos con plátano de Canarias, aunque se recomienda que no sean excesivamente maduros para que no se amelcochen en exceso.

Dificultad: baja
Preparación: 20 minutos
Cocción: 15 minutos

Frituras de malanga
Buñuelos de malanga

Ingredientes para 4 personas

2 malangas
2 dientes de ajo
1 huevo
Sal
Aceite

El vino

Acompañar de un vino blanco sin crianza con D.O. Ribeiro, de la variedad treixadura, o de un vino blanco sin paso por barrica de la zona de Baja Austria, elaborado con grüner veltliner.

Se pelan las malangas y se cortan en láminas finas que, a continuación, se trituran junto con el ajo. Cuando estén finamente picados estos dos ingredientes, se añaden el huevo y una pizca de sal y se amalgama bien la mezcla hasta formar una masa homogénea. Se toman porciones de esta masa y se forman buñuelos, que se fríen en aceite a una temperatura no excesivamente elevada para evitar que las frituras se tuesten por fuera y queden crudas por dentro.

La malanga es un tubérculo comestible de carne blanca y piel marrón y velluda muy empleado en la cocina cubana. Las frituras pueden prepararse también de ñame, de boniato o incluso de maíz tierno, y hay quien las condimenta con perejil o cilantro, comino y otras especias.

Dificultad: baja
Preparación: 20 minutos
Cocción: 45 minutos

Frijoles negros

Ingredientes para 4 personas

500 g de frijoles negros
1 cebolla mediana
1 pimiento verde
1 hoja de laurel
1 cabeza de ajos
1 pizca de comino en polvo
1 cucharadita de orégano
Aceite de oliva
Sal

El vino

Acompañar de un vino tinto con crianza de estilo tradicional con D.O.Ca. Rioja, de la variedad tempranillo, o de un vino tinto con poca crianza con A.O.C. Beaujolais (Francia), elaborado con gamay.

Los frijoles se habrán dejado en remojo la noche anterior. Al día siguiente, se hierven en una olla con la hoja de laurel y cubiertos de agua hasta que estén blandos. Mientras se cuecen los frijoles, se pican finamente los ajos, la cebolla y el pimiento y se sofríen en una sartén con aceite condimentados con comino y orégano hasta que estén dorados. Una vez que estén cocidos los frijoles, se retira un poco de agua de cocción en caso necesario y se vierte el sofrito en la olla. Con un cucharón, se aplasta la cantidad de frijoles necesaria para lograr una consistencia espesa y, antes de servirlos, se riegan con un hilo de aceite.

Básicos en el recetario tradicional de Cuba y en la comida hogareña del día a día, los frijoles negros no faltan nunca en la mesa de Navidad.

Dificultad: baja
Preparación: 10 minutos
Cocción: 30 minutos

Yuca con mojo
Yuca con salsa

Ingredientes para 4 personas

3-4 yucas
Sal

Para el mojo:

Zumo de 1-2 naranjas agrias
Aceite de oliva
3 dientes de ajo

La bebida

Acompañar de una cerveza de baja fermentación tipo *pilsen*.

Se pelan las yucas y se cortan en rodajas de unos cinco centímetros, que se cuecen en agua hirviendo con sal a fuego medio durante una media hora, hasta que estén blandas. Entre tanto, se prepara el mojo criollo, mezclando el zumo de naranjas agrias con los dientes de ajo triturados y el aceite de oliva. Cuando la yuca esté blanda, se escurre, se dispone en una fuente o en los platos y, aún muy caliente, se rocía enseguida con el mojo.

El mojo criollo se prepara normalmente con zumo de naranjas agrias, que puede sustituirse por zumo de limón en caso de no poder disponer de ellas. Si se desea, se le pueden añadir al mojo unos aros de cebolla para potenciar su sabor.

Dificultad: baja
Preparación: 10 minutos
Cocción: 30 minutos

Yuca frita

Ingredientes para 4 personas

3-4 yucas
Sal
Aceite

El vino

Acompañar de un vino blanco sin crianza con D.O. Chacolí de Guetaria, de la variedad hondarrabi zuri, o de un vino espumoso Brut de la zona del Palatinado (Alemania), elaborado con riesling.

Se pela la yuca y se pone a hervir en abundante agua hasta que esté blanda, aproximadamente durante media hora, según la calidad del tubérculo. Una vez cocida, se escurre bien y se corta en tiras finas, que se fríen en aceite caliente hasta que se doren. Se retiran del aceite, se dejan escurrir sobre papel absorbente y se sirven espolvoreadas con un poco de sal.

La relevancia de la yuca en la cocina caribeña y latinoamericana se deriva de su importancia en la mitología y las costumbres de las tribus indígenas. En la actualidad ha dejado de ser un cultivo de subsistencia y su producción se orienta al mercado, con infinidad de productos derivados: farinha, yare, chive, bureche, etc.

Dificultad: baja
Preparación: 5 minutos
Cocción: 5 minutos

Crema de queso

Ingredientes para 4 personas

250 g de queso emmental rallado
500 ml de leche
2 tazas de caldo de pollo
4 cucharadas de harina de trigo
4 cucharadas de mantequilla
1 pizca de nuez moscada
1 cucharadita de sal
1 cucharadita de pimienta

El vino

Sírvase con un vino blanco sin crianza de la Tierra de las Islas Baleares, de la variedad chardonnay, o con un vino blanco fermentado en barrica de D.O.C. Langhe Chardonnay (Italia), elaborado con chardonnay.

En un cazo, se funde la mantequilla y se agrega la harina de trigo, la nuez moscada, la sal y la pimienta. Se remueve en el fuego durante dos minutos y entonces se incorporan la leche, el caldo de pollo y la mitad del queso rallado. Se sigue removiendo a fuego lento hasta que espese, unos tres minutos, y se sirve en platos o cuencos con el resto del queso rallado espolvoreado por encima.

Si se desea, se puede sustituir la leche por una mezcla de leche y nata líquida para lograr una consistencia más espesa.

Dificultad: media
Preparación: 30 minutos
Cocción: 45 minutos

Papas rellenas
Patatas rellenas de carne

Ingredientes para 4 personas

5 patatas
150 g de carne picada de ternera
150 g de carne picada de cerdo
1 cebolla
1 diente de ajo
1-2 cucharadas de mantequilla
1 huevo
Harina
Pan rayado
Aceite
Sal

Para la salsa criolla:

200 g de tomate natural triturado
1 cebolla
2 dientes de ajo
1 vaso de vino blanco
1 hoja de laurel
1 cucharadita de azúcar
3 cucharaditas de sal
Aceite
Pimienta
Sal

El vino

Acompañar de un vino tinto con crianza con D.O. Utiel-Requena, elaborado con bobal, cabernet, merlot y syrah, o de un vino tinto con A.O.C. Cornas (Francia), de la variedad syrah.

Se pelan las patatas y se ponen a hervir en una cacerola con agua hasta que estén cocidas. A continuación, se trituran con ayuda de un tenedor hasta obtener un puré, incorporando una o dos cucharadas de mantequilla (la justa y necesaria para obtener una textura consistente). Se reserva. Se lleva una sartén al fuego con el ajo y la cebolla finamente picados y, cuando la cebolla esté traslúcida, se incorporan la carne picada y una pizca de sal. Una vez cocida la carne, se moldean bolas de tamaño medio con el puré de patata y se forma un hueco en el centro, que se rellena con el picadillo y se cubre con más puré de patata para formar nuevamente una bola. Se rebozan las bolas con harina, huevo batido y pan rallado y se fríen en una sartén con aceite hasta que estén doradas. Se acompañan con salsa criolla.

Para la salsa criolla, se lleva una sartén al fuego con un poco de aceite y se agregan el tomate triturado, la cebolla y el ajo bien picados y un vaso de vino blanco. Cuando haya reducido ligeramente, se incorporan el laurel, una cucharadita de azúcar y tres de sal y un poco de pimienta y, cuando el tomate espese, estará lista.

La salsa criolla es la base de muchas recetas cubanas, una salsa madre. Según los gustos, se le puede añadir un poco de guindilla para hacerla picante.

Dificultad: media
Preparación: 20 minutos
Cocción: 30 minutos

Alas bombón
Alitas de pollo fritas

Ingredientes para 4 personas

16 alitas de pollo
Zumo de 2 limones
Sal
1 huevo
Harina
Pan rallado

El vino

Acompañar de un vino blanco sin crianza con D.O. Valdeorras, de la variedad godello, o de un vino blanco de la zona de Burgenland (Austria),elaborado con la variedad pinot gris.

Se separan todos los muslitos de las alas de pollo y se les retira la piel. Seguidamente, ejerciendo presión con los dedos, se desplaza toda la carne hacia el extremo inferior del hueso para formar una bolita de carne. Cuando estén listas las dieciséis alitas, se reservan en un recipiente con el zumo de limón y un poco de sal y se dejan macerar como mínimo media hora. Transcurrido el tiempo de maceración, se rebozan con harina, huevo batido y pan rallado y se fríen hasta que queden doradas y crujientes.

El nombre de este plato se deriva de la forma de "bombón" que se da a los muslitos de las alas de pollo, es decir, de chupa-chup.

Dificultad: baja
Preparación: 15 minutos
Cocción: 25 minutos

Arroz blanco

Ingredientes para 4 personas

2 tazas de arroz de grano largo (opcionalmente basmati)
2 tazas de agua
3 cucharadas de aceite de oliva
Sal

El vino

Acompañar de un vino rosado sin crianza con D.O. Navarra, de la variedad garnacha tinta, o de un vino blanco sin crianza de la zona de Grecia Central, elaborado con robola.

Se lleva una cacerola a fuego muy bajo con el arroz, el agua y un poco de aceite y sal, removiéndolo ligeramente y tapándolo a continuación. No debe destaparse hasta pasados veinticinco minutos. Cuando esté hecho el arroz, se revuelve con un tenedor para separar los granos y se vuelve a tapar la cacerola hasta el momento de servirlo.

El arroz blanco puede considerarse un básico de la cocina caribeña por su sencillez y por su presencia como acompañamiento principal de muchos platos. A los cubanos les gusta que esté cocinado *al dente* y que los granos queden sueltos.

Dificultad: baja
Preparación: 25 minutos
Cocción: 1 hora

Moros y cristianos Arroz con frijoles negros

Ingredientes para 4 personas

2 tazas de frijoles negros
5 tazas de agua
3 tazas de arroz vaporizado
1/2 cabeza de ajos
1 hoja de laurel
1/2 cucharadita de comino en polvo
Aceite de oliva
Sal

El vino

Acompañar de un vino rosado sin crianza con D.O. Penedès, de la variedad merlot, o de un vino tinto sin crianza con A.O.C. Anjou (Francia), elaborado con cabernet franc.

Los frijoles se habrán dejado en remojo la noche anterior en función de su calidad (en Cuba todo remojo es poco, en España puede no ser necesario). En una cacerola (o una olla a presión para más rapidez) a fuego moderado, se ponen las dos tazas de frijoles negros y las cinco de agua y se hierven los frijoles hasta que estén blandos. A continuación, se trituran los ajos y se sofríen en una cazuela con aceite, la hoja de laurel y una pizca de comino en polvo. Cuando los ajos estén sofritos, se echan a la cazuela los frijoles y todo el caldo de su cocción y tres tazas de arroz vaporizado. Se sala y se deja el conjunto a fuego muy bajo durante unos veinticinco o treinta minutos. Cuando el arroz esté cocido, se revuelve para separar los granos y se tapa la cazuela hasta el momento de servirlo.

Aunque muchas personas los confunden, es importante hacer la distinción entre el arroz moros y cristianos (arroz con frijoles negros) y el arroz congrí (arroz con frijoles colorados). Si se desea elaborar el arroz congrí, combinación que se consume también en Haití, Puerto Rico, República Dominicana y otras islas caribeñas, bastará con sustituir los frijoles en esta receta.

Dificultad: baja
Preparación: 20 minutos
Cocción: 30 minutos

Arroz frito

Ingredientes para 4 personas

2,5 tazas de arroz vaporizado
4 tazas de agua
50 g de jamón de York (o tocino)
50 g de lomo de cerdo ahumado
4 huevos
4 puerros
Salsa de soja
Aceite

El vino

Acompañar de un vino tinto sin crianza con D.O. Bierzo, de la variedad mencía, o de un vino tinto sin crianza con I.G.T. Sicilia (Italia), elaborado con la variedad nero d'avola.

Se lleva al fuego una olla con el arroz, el agua y un hilo de aceite. Mientras se cuece el arroz, se cortan el jamón y el lomo en tiras finas de unos tres centímetros de largo y se saltean en una sartén con un poco de aceite. Se limpian y cortan los puerros en rodajas. Se preparan tortillas con los huevos para luego cortarlas del mismo modo en tiras finas. Una vez que el arroz esté hecho, se le añade un poco de salsa de soja (la justa para darle un ligero color), se incorporan las tiras de jamón, lomo y tortilla y se saltea el conjunto un par de minutos, removiendo la mezcla hasta que todos los ingredientes estén completamente integrados. En el último momento, se añaden los aros de puerro y se mezclan con el resto.

El arroz vaporizado es un arroz de grano largo sometido a remojo en agua caliente y rehogado en vapor de agua a baja presión antes de ser descascarillado y blanqueado.

Dificultad: baja
Preparación: 30 minutos
Cocción: 20 minutos

Arroz con huevos
Arroz a la cubana

Ingredientes para 4 personas

8 huevos
250 g de arroz
2 aguacates
4 plátanos macho maduros
Salsa de tomate
Sal

El vino

Acompañar de un vino tinto con poco tiempo en barrica con D.O. Manchuela, de las variedades garnacha y monastrell, o de un vino tinto con poca crianza de la zona del valle del Maipo (Chile), elaborado con syrah.

Se cuece el arroz en un cazo con agua y sal durante veinte minutos. Se escurre y se reserva. Entre tanto, se fríen los huevos en la sartén (dos por persona) y se reservan sobre papel absorbente para eliminar el exceso de grasa. Los plátanos se pelan, se corta cada uno en tres trozos y se fríen. Se pela el aguacate y se corta en gajos. Una vez todo listo, se sirven los huevos en los platos con el arroz blanco, salsa de tomate, los plátanos fritos y el aguacate.

La denominación de arroz a la cubana es española. En Cuba este plato se llama simplemente arroz con huevos.

Dificultad: baja
Preparación: 20 minutos
Cocción: 45 minutos

Arroz con pollo

Ingredientes para 4 personas

1 pollo de 1,5 kg
2,5 tazas de arroz vaporizado
200 g tomate natural triturado
1 cebolla
1 pimiento verde
1/2 cabeza de ajos
2 botellines de cerveza
Pimientos morrones
Aceite
Sal

El vino

Acompañar de un vino tinto con breve paso por barrica con D.O. Navarra, de las variedades garnacha y cabernet sauvignon, o de un vino tinto con poca crianza de la zona de Río Negro (Argentina), elaborado con malbec.

Se pican finamente la cebolla, los ajos y el pimiento, o se trituran juntos, y se pasan a una cazuela con un poco de aceite, una pizca de sal y el pollo troceado en pequeñas porciones y sin piel. Cuando las verduras estén doradas y la carne cocida, se añade el tomate triturado y se deja sofreír el conjunto. Seguidamente, se añaden a la cazuela las dos cervezas y el arroz vaporizado. Se tapa y se deja todo junto a fuego lento durante una media hora. Antes de servirlo, se adorna con unas tiras de pimiento morrón.

Si se desea elaborar un arroz a la chorrera, muy típico también en Cuba, bastará con añadir más cerveza para que el arroz quede caldoso, literalmente "chorreando".

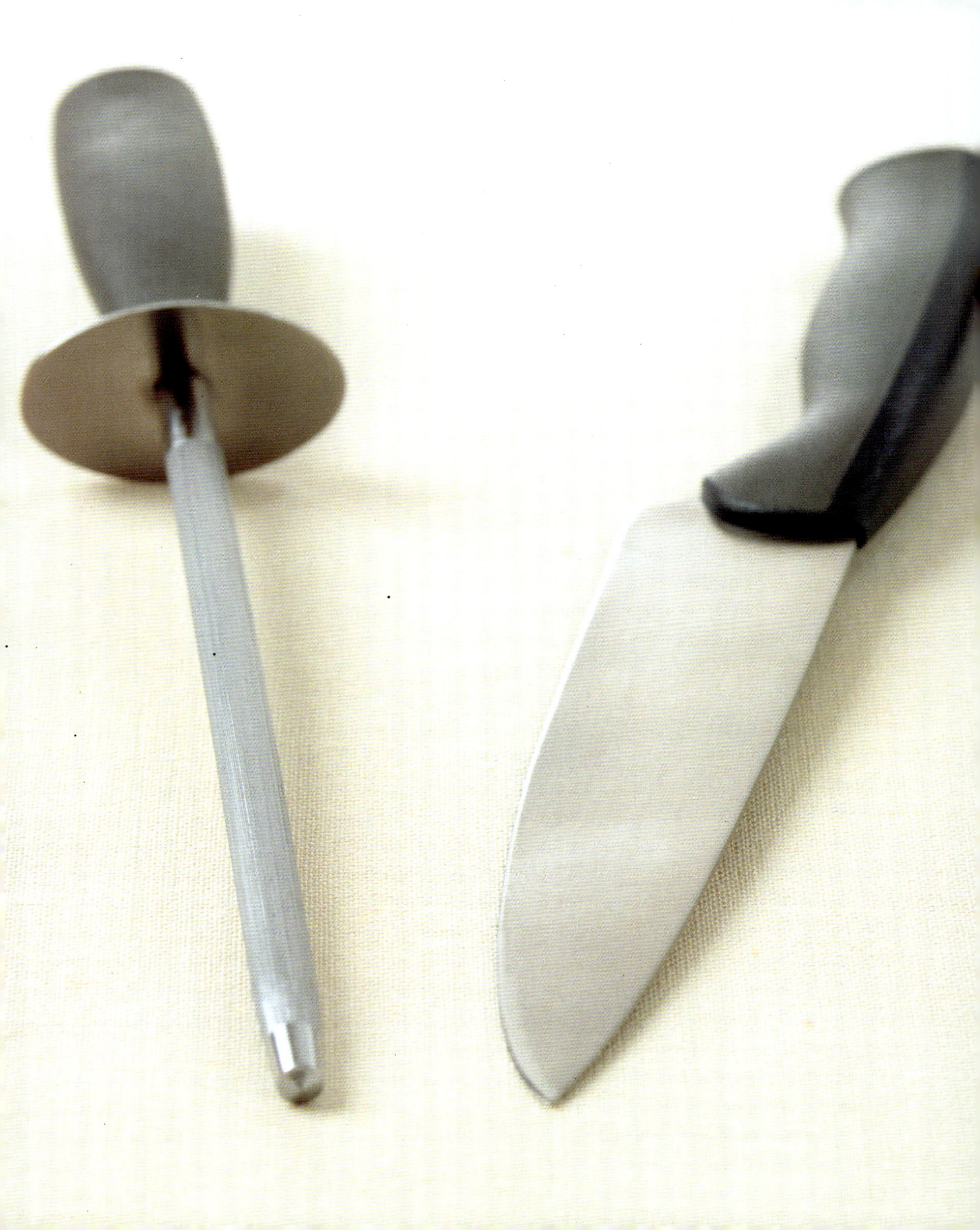

Cocinas del mundo

Platos principales

Dificultad: media
Preparación: 20 minutos
Cocción: 40 minutos

Ropa vieja
Ternera deshilachada con salsa

Ingredientes para 4 personas

500 g de carne de ternera
2 pimientos verdes
2 cebollas
1 hoja de laurel
1/2 cabeza de ajos
1 pizca de comino en polvo
150 g de tomate triturado natural
Aceite
Sal

El vino

Acompañar de un vino tinto con poca crianza con D.O. Ribera del Duero, elaborado con tinta del país y cabernet sauvignon, o de un vino tinto con crianza con A.O.C. Madiran (Francia), de la variedad tannat.

Se limpia la carne de grasa y nervios, se corta en dados de unos cuatro centímetros, mediante un corte perpendicular a las hebras de la carne para facilitar su deshilachado o deshebrado, se pone a hervir en una cacerola con agua y la hoja de laurel hasta que esté blanda y se deja enfriar. Se lavan los pimientos y se cortan en tiras finas y la cebolla se pela y se corta en rodajas. Los ajos se majan y se ponen a sofreír en una cazuela con aceite junto con las tiras de pimiento, los aros de cebolla, el tomate y una pizca de comino. Una vez que se haya enfriado la carne, se deshilacha y se añade al sofrito. Se cubre todo con el caldo de cocción de la carne y se deja cocer el conjunto hasta que el caldo prácticamente se haya consumido (no debe quedar demasiado reseco).

Es posiblemente el plato más conocido de la cocina cubana en el ámbito internacional. Recibe el nombre de ropa vieja porque generalmente se aprovecha la carne empleada para preparar la sopa de frijoles.

Dificultad: baja
Preparación: 25 minutos
Cocción: 50 minutos

Guiso de maíz

Ingredientes para 4 personas

4 mazorcas tiernas de maíz
1 costilla de cerdo ahumada
500 g de masas de cerdo fritas
150 g de calabaza
150 g de malanga
6 tomates
1 cebolla
1 cabeza de ajos
1 pimiento verde
Aceite
Sal

El vino

Acompañar de un vino tinto semicrianza con D.O. Cigales, de las variedades tinta del país y garnacha, o de un vino tinto con poca crianza de la zona del valle de Sonoma en California (EE.UU.), elaborado con cabernet sauvignon.

Primero se pican finamente la cebolla, los ajos y el pimiento y se rehogan en una sartén con un poco de aceite junto con el tomate triturado para preparar el sofrito. Entre tanto, en otra sartén, se fríe la carne de cerdo cortada en pequeños dados hasta que esté hecha. Se desgranan las mazorcas y se cuece el maíz en agua hirviendo junto con la malanga cortada en rodajas de aproximadamente un centímetro de grosor. A media cocción del maíz y la malanga, se incorpora a la cacerola el sofrito junto con la carne y, por último, la calabaza, que se ablanda muy rápido. Se deja el conjunto al fuego hasta que el caldo espese y se sirve acompañado de arroz blanco (ver *Arroz blanco*).

Existen distintas versiones de este típico guiso cubano, ya que hay quien le incorpora jamón, chorizo y otras carnes y hay quien lo condimenta con pimienta, orégano, comino y otras especias.

Dificultad: alta
Preparación: 40 minutos
Cocción: 1 hora 30 minutos

Sancocho de siete carnes

Ingredientes para 4 personas

200 g de carne de chivo
200 g de longaniza
200 g de carne de cerdo
200 g de huesos de jamón ahumado
350 g de carne de res (con huesos)
400 g de pollo
400 g de costillas de cerdo
2 limones
1 cuchara de ajo picado
2 ajíes verdes grandes
100 g de yuca (mandioca)
100 g de ñame
100 g de yautía (malanga)
2 plátanos verdes
1 pastilla de caldo de carne
2 patatas
2 mazorcas de maíz (opcional)
1 ramita de apio
1/2 cucharadita de orégano
1/2 cucharadita de cilantro
2 cucharaditas de vinagre
Agrio de naranja (o salsa picante)
Aceite
Sal

El vino

Servir con un vino tinto con crianza en barrica del valle de Napa en California (EE.UU.), de la variedad zinfandel, o con un vino tinto con cuerpo y crianza en madera de D.O. Toro, elaborado con tinta de Toro.

Antes de iniciar la preparación, se trocean las carnes en dados pequeños y se frotan con limón. Se lleva al fuego una cacerola con aceite y se rehoga primero la carne de res con el orégano, el cilantro, el ajo y los ajíes picados, el vinagre y sal. Se tapa la cacerola durante uno o dos minutos y se remueve, agregando un poco de agua para que no se pegue la carne. A los veinte minutos, se incorpora la carne de cerdo y se deja sofreír con el resto unos diez o quince minutos. Una vez dorada, se agregan las carnes restantes y la pastilla de caldo desmenuzada y se deja todo a fuego lento unos diez minutos, añadiendo un poco de agua si se observa que la mezcla queda reseca. Transcurrido este tiempo, se cubre todo con agua y se lleva al punto de ebullición. Cuando rompa el hervor, se incorporan el ñame, la yautía, la yuca y un plátano pelados y cortados en dados de unos dos centímetros y medio, se deja hervir todo diez minutos y, a continuación, se añade el otro plátano rallado. Se pelan las patatas, se trocean y se añaden al guiso junto con el apio picado y, opcionalmente, la mazorca de maíz cortada en rodajas de unos cinco centímetros. Se añade el agrio de naranja al gusto (u otra salsa picante), normalmente unas dos cucharadas, y agua en función de las necesidades del guiso. Se deja hervir hasta que esté todo cocido, se rectifica de sal y se sirve caliente.

Este plato tradicional dominicano suele acompañarse con arroz blanco y aguacate.

Dificultad: baja
Preparación: 20 minutos
Cocción: 35 minutos

Picadillo

Ingredientes para 4 personas

600 g de carne picada de ternera sin grasa
4 tomates triturados
1 cebolla
2 pimientos verdes
1/2 cabeza de ajos
1 hoja de laurel
1 cucharadita de orégano
1 pizca de comino en polvo
1 cucharada de pasas de Corinto
1 cucharada de vino seco
Aceitunas verdes
Aceite
Sal

El vino

Acompañar de un vino tinto con crianza con D.O. Somontano, de las variedades cabernet sauvignon y merlot, o de un vino tinto con crianza de la zona de Nueva Gales del Sur (Australia), elaborado con syrah.

Se pican finamente la cebolla, los ajos y los pimientos y se llevan al fuego en una cazuela con aceite, la hoja de laurel, el orégano y el comino. Cuando la cebolla esté dorada, se añade el tomate triturado, se deja sofreír el conjunto y se incorpora luego la carne picada. Se trabaja la mezcla para que quede todo bien combinado. Se agregan seguidamente el vino y las aceitunas y, después de unos quince minutos de cocción a fuego lento, se rectifica de sal y se añaden las pasas.

La carne debe picarse una sola vez y a ser posible con una cuchilla gruesa. Junto con el ajiaco criollo, el picadillo de res es unos de los platos nacionales de Cuba.

Dificultad: baja
Preparación: 20 minutos
Cocción: 1 hora 30 minutos

Carne asada
Redondo de ternera

Ingredientes para 4 personas

1 redondo de ternera
1 cabeza de ajos
1 cucharadita de orégano
1 clavo de olor
Zumo de 5 limones
1 taza de agua
Aceite
Sal

El vino

Acompañar de un vino tinto con breve paso por barrica con D.O. Pla i Llevant, elaborado con las variedades callet, merlot y cabernet, o de un vino tinto con crianza de la zona del Valais (Suiza), de la variedad cornalin.

Al zumo de cinco limones se le añaden los ajos triturados, una cucharadita de orégano, un clavo, sal y aceite y se vierte esta mezcla sobre la pieza de carne, dispuesta en una fuente para el horno y previamente pinchada con un cuchillo para facilitar la absorción de los sabores. Se agrega una taza de agua, se tapa la fuente con papel de aluminio y se deja cocer la carne durante una hora u hora y media a fuego lento, hasta que esté hecha, vigilando en todo momento que no se quede sin jugo y añadiendo un poco más de zumo de limón en caso necesario. De vez en cuando, se le da la vuelta a la pieza para que la cocción sea uniforme. Un vez lista, se deja enfriar, se corta en lonchas y se presenta en el plato acompañada del propio jugo que ha ido soltando la carne.

Para comprobar la cocción de la carne, bastara con introducir un pincho o un cuchillo. Si entra suavemente, la carne está en su punto.

Dificultad: baja
Preparación: 20 minutos
Cocción: 4 horas

Pierna asada

Ingredientes para 4 personas

1 pierna de cerdo
2 hojas de laurel
1 cucharada de orégano
1 cabeza de ajos
Zumo de 6-8 limones
Sal
Aceite

El vino

Acompañar de un vino tinto con crianza con D.O. Ribera del Duero, de la variedad tinta del país, o de un vino tinto con crianza con A.O.C. Pomerol (Francia), elaborado con merlot y cabernet franc.

Se coloca la pierna de cerdo entera en una bandeja para el horno y se pincha con un cuchillo afilado para que el adobo pueda penetrar bien. En un bol, se mezclan el zumo de limón con los ajos majados, una cucharada de orégano y un par de hojas de laurel. Se liga el adobo con aceite y se vierte sobre la pierna de cerdo. Se lleva la bandeja al horno, a temperatura suave, y se deja cocinar durante entre cuatro y cinco horas. Se sirve la carne cortada en lonchas con su propio jugo y acompañada de arroz blanco.

La pierna asada es uno de los platos más populares de Cuba. También es muy típico acompañarla con un puré de patata.

Dificultad: baja
Preparación: 20 minutos
Cocción: 50 minutos

Fricasé de pollo
Guiso de pollo

Ingredientes para 4 personas

1 pollo de 1,5 kg cortado a octavos
1 cebolla grande
1 pimiento verde
4 tomates maduros
1/2 cabeza de ajos
Aceitunas verdes
2 cucharadas de vino seco
3 botellines de cerveza
Aceite
Sal

Para el arroz blanco:

2 tazas de arroz
2 tazas de agua
3 cucharadas de aceite de oliva
Sal

El vino

Sírvase con un vino tinto con breve paso por barrica de la Tierra de Castilla, de la variedad syrah, o con un vino tinto con crianza de D.O.C.G. Barbaresco (Italia), elaborado con nebbiolo.

Se lleva una cacerola a fuego muy bajo con el arroz, el agua, el aceite y una pizca de sal, removiéndolo ligeramente y tapándolo a continuación. No debe destaparse hasta pasados unos veinticinco minutos. Cuando esté hecho el arroz, se revuelve con un tenedor para separar los granos y se vuelve a tapar la cacerola hasta el momento de servirlo.

Se trituran los tomates junto con la cebolla, los ajos y el pimiento y se sofríen en una sartén con aceite a fuego bajo espolvoreados con una pizca de sal. Cuando el sofrito esté en su punto, se incorporan los trozos de pollo, se remueve el conjunto para que la carne quede bien impregnada y se agregan entonces la cerveza y el vino. Al cabo de unos diez o quince minutos de cocción, se incorporan las aceitunas, se deja el conjunto otros diez minutos al fuego y se sirve acompañado de arroz blanco.

En la preparación de este plato, es muy importante que la salsa quede un poco espesa, de modo que el guiso se dejará a fuego muy lento hasta que el caldo prácticamente se haya consumido.

Dificultad: baja
Preparación: 20 minutos
Cocción: 40 minutos

Pavo a la naranja

Ingredientes para 4 personas

4 muslos de pavo
4 naranjas
4 plátanos maduros
200 g de arroz
Mantequilla
Sal

El vino

Servir con un vino tinto con crianza de A.O.C. Côtes-du-Rhône Villages (Francia), de las variedades syrah, monastrell y garnacha, o con un vino tinto con crianza de D.O. Penedès, elaborado con pinot noir.

Se deshuesan los muslos de pavo y se les retira la piel. Se salan y se cuecen en una sartén antiadherente o en la parrilla con un poco de mantequilla. A media cocción, se rocían con el zumo de dos naranjas y se dejan a fuego vivo hasta que estén dorados. Se lleva una cacerola al fuego y se cuece el arroz (ver *Arroz blanco*). Las dos naranjas restantes se pelan y se cortan en rodajas. Los plátanos maduros se fríen en una sartén con aceite. Se monta el plato con un muslo de pavo y la guarnición de arroz, maduros fritos y naranja.

Si se desea potenciar el sabor de la carne, se puede extender un poco de pulpa de naranja sobre el muslo justo después de añadir el zumo.

Dificultad: baja
Preparación: 40 minutos
Cocción: 1 hora 30 minutos

Tasajo
Carne seca y salada

Ingredientes para 4 personas

2-2,5 kg de carne de caballo (que se pueda deshilachar)
2 pimientos verdes
3 cebollas
1 cabeza de ajos
125 g de tomate triturado natural
Aceite
Sal

El vino

Acompañar de un vino tinto con crianza con D.O. Bierzo, de la variedad mencía, o de un vino tinto con crianza de la zona de Auckland (Nueva Zelanda), elaborado con syrah.

Lo primero que se debe hacer es secar las piezas de carne. Para ello, se cubre el fondo de una bandeja con una capa gruesa de sal, se coloca la carne encima y se cubre con otra capa de sal. Se reserva durante diez días en un lugar seco pero no excesivamente caluroso. Transcurrido este tiempo, se lavan las piezas de carne con agua, se secan y se cortan en dados de cuatro centímetros, que se hierven en una cacerola con agua durante entre tres o cuatro horas, el tiempo necesario para que se ablanden.

Cuando la carne esté blanda se retira de la cacerola, se deja entibiar y se deshilacha con ayuda de un tenedor o con las manos. A continuación, se cortan las cebollas y los pimientos en rodajas finas, se pica el ajo finamente y se mezclan con el tomate y un poco de aceite. Cuando estén bien mezclados, se incorpora la carne deshilachada y luego se lleva el conjunto a la cazuela para cocerlo todo a la vez. Si el caldo de cocción de la carne no es demasiado salada, se añade un poco, de lo contrario se agrega y se deja cocer hasta que la carne quede jugosa, unos treinta minutos. Puede acompañarse de arroz blanco y maduros o boniato frito o asado.

Al hervir la carne después del proceso de secado, se recomienda cambiar el agua de cocción al menos un par de veces para desalarla. El tasajo puede prepararse con diversos tipos de carne: de res, de cerdo ahumado, de pollo...

Dificultad: baja
Preparación: 25 minutos
Cocción: 50 minutos

Pollo empanizado

Ingredientes para 4 personas

4 pechugas de pollo
2 huevos
3 dientes de ajo
Pan rallado
Sal

El vino

Acompañar de un vino tinto con poca barrica con D.O. Cariñena, de las variedades cariñena y merlot, o de un vino tinto con crianza con A.O.C. Languedoc (Francia), elaborado con mourvèdre y syrah.

Se baten los huevos a punto espumoso y se les añade el ajo bien triturado y una pizca de sal. Las pechugas de pollo se cortan en láminas lo más finas posibles, que se pasan por el pan rallado primero, luego por el huevo batido con ajo y luego de nuevo por el pan rallado. Se fríen entonces en una sartén con abundante aceite hasta que estén dorados y se sirven en el plato con arroz frito, fufú, puré de patata o una sencilla ensalada.

El toque especial de esta receta lo da la mezcla de huevo y ajo, que aporta al pollo rebozado un toque conocido pero nada habitual en la versión española de esta simple preparación.

Dificultad: baja
Preparación: 20 minutos
Cocción: 30 minutos

Masas fritas
Dados de carne de cerdo fritos

Ingredientes para 4 personas

800 g de carne magra de cerdo
1/2 cabeza de ajos
Zumo de 4 limones
2 hojas de laurel
Orégano fresco
Pimienta
Sal
Aceite

El vino

Servir con un vino tinto con crianza y maduro de la zona de Mendoza (Argentina), elaborado con malbec, o con un vino tinto con crianza de D.O. Cigales, de la variedad tempranillo.

Se corta la carne magra de cerdo en dados generosos, se salpimenta bien y se coloca en una cacerola junto con el zumo de limón, los ajos majados, las dos hojas de laurel y un poquito de orégano fresco. Se lleva la cacerola al fuego y se deja cocer la carne hasta que haya adquirido un tono blanquecino y casi haya desaparecido todo el líquido. Seguidamente, se fríen los dados en aceite bien caliente (a 180 °C) para que queden dorados y crujientes. Se pueden acompañar con una buena ensalada.

Algunas de las opciones de acompañamiento más usuales para esta sencilla preparación son maduros fritos o machuquillo.

Dificultad: baja
Preparación: 45 minutos
Cocción: 45 minutos

Carne con papas
Guiso de carne con patatas

Ingredientes para 6-8 personas

1 kg de carne de ternera
1 kg de patatas
1 cebolla
1 pimiento
3 dientes de ajo
1 taza de salsa de tomate
1 taza de vino seco
1 taza de agua
1 taza de alcaparrado
1 tomate
1 cucharadita de sal
1 cucharadita de pimentón
1/2 cucharadita de pimienta
1 hoja de laurel
1/2 taza de aceite de oliva

El vino

Acompañar de un vino tinto con barrica con D.O. Toro, de la variedad tinta de Toro, o de un vino tinto con crianza con D.O.C.G. Brunello di Montalcino (Italia), elaborado con la variedad brunello.

Se corta la carne en daditos pequeños y se fríe en una cacerola con aceite. Cuando esté ligeramente dorada, se condimenta con sal, pimentón, pimienta y la hoja de laurel y se añaden la cebolla y el pimiento picados y los ajos machacados. Cuando esté todo bien dorado, se agregan la salsa de tomate y el vino seco y se cubre con agua. Se mantiene a fuego medio durante unos veinticinco minutos y, a media cocción, se incorporan las patatas cortadas en dados y el alcaparrado. Cuando las patatas estén blandas, ya se puede servir el guiso caliente.

Este guiso cubano puede prepararse también con carne de cerdo. La palabra alcaparrado, que en España se asocia a un tipo de aceitunas que se venden en conserva con alcaparras y a veces trozos de pimiento rojo, se refiere en Cuba simplemente a las alcaparras en conserva.

Dificultad: baja
Preparación: 5 minutos
Cocción: 10 minutos

Filete de ternera a la Duch

Ingredientes para 4 personas

400 g de bistec de ternera
2 pimientos verdes
2 cebollas
Sal
Aceite

El vino

Acompañar de un vino tinto con crianza con D.O. Ampurdán-Costa Brava, de las variedades garnacha, cabernet, merlot y syrah, o de un vino tinto con crianza de la zona del valle de Casablanca (Chile), elaborado con carmenere.

Primero se corta el filete a lo largo en tiras finas. Los pimientos se lavan, se despepitan y se cortan en rodajas y las cebollas se pelan y se cortan del mismo modo. Se lleva una sartén al fuego con aceite y se echan primero los aros de pimiento, luego los de cebolla y, cuando la cebolla esté dorada, la carne en tiras y la sal.

Esta sencilla receta puede prepararse como plato único.

Dificultad: baja
Preparación: 25 minutos
Cocción: 1 hora

Vaca frita

Ingredientes para 4 personas

500 g de falda o aleta de vaca
1/2 cebolla
1/2 pimiento verde
2 dientes de ajo
1 hoja de laurel
1/2 cucharadita de comino
1/2 cucharadita de orégano
1 pastilla de caldo de carne
Aceite de oliva
Sal
Pimienta

Para la guarnición:

4 patatas medianas
1/2 lechuga
1 tomate
1 pepino
1 cebolla
Col roja

El vino

Acompañar de un vino tinto con poco tiempo de barrica de estilo moderno con D.O.Ca. Rioja, de las variedades tempranillo y garnacha, o de un vino tinto con poca crianza de la zona de Western Cape (Sudáfrica), elaborado con syrah.

Se cuece la carne con la cebolla, el pimiento verde, los ajos, el laurel, las especias y la pastilla de caldo de carne en abundante agua durante una hora. Se retira la carne de la cacerola y se corta en trozos de unos diez centímetros, que se aplastan con un mazo hasta que se separen las hebras. Se cortan las patatas y se fríen en aceite abundante y se prepara una ensalada de acompañamiento con lechuga, col roja, pepino y tomate. La cebolla restante se corta en aros y se escalda en agua hirviendo. Se salpimientan los hilos de carne y se llevan a la plancha. Una vez calientes, se disponen en el plato y se decoran con la guarnición.

Este guiso es muy parecido a la ropa vieja. La diferencia estriba en que la vaca frita se hace a la plancha. En lugar de aplastar la carne con un mazo, pueden deshebrarse los trozos de carne manualmente o con ayuda de un tenedor.

Dificultad: media
Preparación: 30 minutos
Cocción: 25 min

Costillas de cerdo con arroz moros y cristianos

Ingredientes para 4 personas

1,5 kg de costillas de cerdo
3 dientes de ajo
1 cucharadita de sal
1/2 naranja agria
1 cebolla
Aceite de oliva
Sal

Para el arroz:

200 g de frijoles negros
200 g de arroz vaporizado
1 cebolla
1 hoja de laurel
2 dientes de ajo
Orégano

El vino

Acompañar de un vino tinto con crianza con D.O. Navarra, elaborado con las variedades garnacha, cabernet y merlot, o de un vino tinto con crianza de la zona del valle del Bekaa (Líbano), de las variedades cabernet sauvignon y merlot.

Se limpian las costillas de cerdo para retirar la grasa. Sobre ellas se espolvorean los dientes de ajo finamente picados y la sal y se riegan con el zumo de la naranja agria. Encima, se coloca la cebolla en aros y se dejan adobar las costillas durante una hora. Transcurrido este tiempo, se escurren y se fríen en la sartén con aceite hasta que queden bien doradas. Se prepara el arroz congrí (ver *Moros y cristianos*) y se sirven las costillas con éste como guarnición.

Las costillas de cerdo pueden combinarse asimismo con el célebre arroz congrí o con un sencillo arroz blanco que compensa la grasa de la carne.

Dificultad: media
Preparación: 40 minutos
Cocción: 1 hora

Chenchén con chivo guisado

Ingredientes para 4 personas

1 kg de maíz triturado
2 l de leche
200 g de mantequilla
4 cucharadas de aceite
1 cucharada de anís
Sal

Para el chivo:

600 g de chivo en dados
1 diente de ajo
1 cebolla
2 ajíes verdes
1 vaso de ron (whisky o vino blanco)
Aceite
Sal
Pimienta

La bebida

Acompáñese de un vino tinto con crianza con D.O. Cirò en Calabria (Italia), de la variedad gaglioppo, o de un vino tinto con crianza de D.O. Jumilla, elaborado con monastrell, o de una copa de ron dominicano con su toque dulzón.

Se lava el maíz con agua abundante y se deja en remojo durante unos tres cuartos de hora. Se escurre y se lleva al fuego en una cacerola con la leche, la mantequilla, el aceite y la cucharada de anís, removiendo constantemente hasta que espese la mezcla. Una vez lograda la consistencia deseada, se tapa la cacerola y se deja cocer a fuego medio durante un cuarto de hora o veinte minutos. Se rectifica de sal y se reserva.

Se lleva una sartén al fuego con aceite y se sofríen la cebolla, el ajo y los ajíes finamente picados. Cuando empiecen a dorarse, se agregan los dados de carne y, a media cocción, se riegan todo con el ron. Se remueve el conjunto hasta que se evapore el alcohol y se deja a fuego medio hasta que la carne esté blanda y jugosa. Se monta el plato con la carne de chivo en su jugo acompañada de chenchén.

El chenchén es un plato típico del sur de la República Dominicana.

Dificultad: media
Preparación: 50 minutos
Cocción: 35 minutos

Croquetas criollas

Ingredientes para 4 personas

400 g de jamón (carne de ternera o pollo)
4 cucharadas de mantequilla
1 taza de leche
3/4 de taza de harina de trigo
1 pizca de nuez moscada
1 cucharadita de cebolla picada
1/2 cucharadita de sal
1 pizca de pimienta

El vino

Acompañar de un vino blanco fermentado en barrica con D.O. La Mancha, de la variedad chardonnay, o de un vino blanco con crianza de la zona de los montes de Santa Cruz en California (EE.UU.), elaborado con chenin blanc.

Se calienta la mantequilla en un cazo y se sofríe ligeramente la cebolla picada. Se incorpora la leche con la harina, la nuez moscada, la sal y la pimienta y se deja cocinar a fuego lento, removiendo constantemente hasta lograr un espesor que permita ver el fondo del cazo al pasar la cuchara. Se baja el fuego al mínimo y se agregan el jamón o la carne picada. Se remueve bien y se deja enfriar la mezcla en una fuente y reposar durante dos horas como mínimo. Se van tomando porciones de masa y se da forma a las croquetas, que se pasan por huevo y pan rallado y se fríen en aceite a 185 °C hasta que se doren.

Las croquetas criollas son una comida sencilla que constituye la alimentación básica de muchas familias cubanas de bajos ingresos.

Dificultad: media
Preparación: 1 hora
Cocción: 1 hora 30 minutos

Turquino
Pollo con ropa vieja

Ingredientes para 4 personas

1 pollo de 1,5 kg
1 cebolla
2 dientes de ajo
1 pimiento verde
100 g de salsa de tomate
2 plátano maduros
Azúcar
Pimienta
Sal

Para la ropa vieja:

100 g de carne de ternera
1/2 pimiento verde
1/2 cebolla
1/2 hoja de laurel
1 diente de ajo
1 pizca de comino en polvo
4 cucharadas de tomate triturado natural
Aceite
Sal

El vino

Acompañar de un vino tinto con poca barrica con D.O. Ribera del Duero, de la variedad tinto fino, o de un vino tinto con crianza con A.O.C. Hermitage (Francia), elaborado con la variedad syrah.

Se trocea el pollo y se hierve en una olla con agua hasta que se ablande. Se deja enfriar, se desmenuza y se mezcla con ropa vieja (ver *Ropa vieja*). A continuación, se pican la cebolla, los ajos y el pimiento y se rehogan en una sartén con aceite y, cuando la cebolla esté traslúcida, se incorpora la mezcla de pollo y ropa vieja, se rectifica de sal y pimienta y, al final, se incorpora la salsa de tomate.

Como acompañamiento, se cortan los plátanos maduros por la mitad y se fríen en una sartén con aceite muy caliente espolvoreados con un poco de azúcar.

Esta receta rinde tributo al pico Turquino, el más alto de la provincia de Santiago de Cuba y de la isla. El acompañamiento más habitual de este plato es el arroz blanco (ver *Arroz blanco*).

Dificultad: baja
Preparación: 20 minutos
Cocción: 25 minutos

Mar y tierra

Ingredientes para 4 personas
600 g de cordero en dados
200 g de gambas
2 vasos de vino blanco
Sal

Para la salsa criolla:
200 g de tomate natural triturado
1 cebolla
2 dientes de ajo
1 vaso de vino blanco
1 hoja de laurel
1 cucharadita de azúcar
3 cucharaditas de sal
Aceite
Pimienta
Sal

El vino

Acompañar de un vino tinto con poca barrica con D.O. Jumilla, de la variedad petit verdot, o de un vino tinto con un breve paso por barrica de la zona de Mendoza (Argentina), elaborado con merlot.

Se lleva una cacerola al fuego con aceite y se dora la carne de cordero. Cuando esté prácticamente hecha, se incorporan las gambas previamente peladas y se dejan dorar durante unos cinco minutos antes de agregar el vino blanco. Una vez evaporado el alcohol del vino, se incorpora la salsa criolla (ver *Papas rellenas*), se deja cocinar todo junto durante entre diez y quince minutos y se sirve acompañado de arroz blanco (ver *Arroz blanco*).

Una lograda mezcla de sabores del mar y de la tierra. Puede sustituirse el cordero por pollo con excelentes resultados.

Dificultad: baja
Preparación: 40 minutos
Cocción: 15 minutos

Enchilada de camarones
Gambas salteadas

Ingredientes para 6 personas

1 kg de gambas
1 cebolla
3 dientes de ajo
1 pimiento rojo
1 taza de salsa de tomate
1/2 taza de vino blanco
2 hojas de laurel
1 cucharadita de salsa Worcestershire
1/2 taza de aceite de oliva
Sal
Pimienta

El vino

Acompañar de un vino blanco fermentado en barrica con D.O.Ca. Priorat, de las variedades garnacha blanca y pedro ximénez, o de un vino tinto con crianza con D.O.C. Amarone della Valpolicella (Italia), elaborado con las variedades corvina, rondinella y molinara.

Primero se pelan y se lavan las gambas. Se fríen luego en una sartén con aceite bien caliente y, cuando empiezan a estar rosadas, se agrega la cebolla y el pimiento triturados y los ajos majados y se deja sofreír el conjunto. Una vez listo el sofrito, se añade la salsa de tomate, el laurel, el vino, la salsa inglesa, la sal y la pimienta y se mantiene la sartén a fuego lento durante quince minutos. Se puede presentar la enchilada sola o acompañada con arroz blanco, lechuga, tomate...

Aunque en España se tiende a relacionar la palabra "enchilada" con picante, los cubanos consideran enchilada cualquier plato que va condimentado, y no necesariamente en exceso.

Dificultad: baja
Preparación: 25 minutos
Cocción: 15 minutos

Bella sony
Cucurucho de pescado relleno de gambas

Ingredientes para 4 personas

6 filetes de pescado blanco
20 gambas
1 cebolla
1 vaso de vino blanco
1 cucharada de mantequilla
1 cucharadita de pimentón
Sal
Pimienta

Para la guarnición:

2 tazas de arroz de grano largo
1/2 lechuga
1 pepino
1 zanahoria
Aceite
Sal

El vino

Sírvase con un vino blanco seco sin crianza de la Tierra de Castilla, de la variedad viognier, o con un vino blanco sin crianza con A.O.C. Savennières (Francia), elaborado con chenin blanc.

Se limpian bien los filetes de pescado y se corta en pequeños trozos. Se pelan las gambas y la mitad se pican y el resto se dejan enteras. Se lleva una sartén al fuego con aceite y se sofríe la cebolla picada. Cuando esté dorada, se añaden el pescado y las gambas, se espolvorean con el pimentón y se riegan con el vino blanco. Cuando el alcohol se haya evaporado, se retira la preparación del fuego y se reserva en caliente. Se preparan como acompañamiento unos tostones (ver *Tostones*) y un arroz blanco (ver *Arroz blanco*), y se termina el plato con una ensalada de pepino en rodajas, lechuga troceada y zanahoria rallada.

Para que el cucurucho no pierda la forma durante la cocción, se puede cerrar con un palillo.

Dificultad: baja
Preparación: 15 minutos
Cocción: 20 minutos

Pargo con salsa Jerk

Ingredientes para 4 personas
4 pargos de ración

Para la salsa Jerk:
6-8 dientes de ajo
6 cebolletas
1/2 taza de azúcar moreno
4 pimientos picantes (chile habaneros)
1 cucharada de pimentón picante
1 cucharada de tomillo picado
1 cucharadita de canela
1/2 cucharadita de nuez moscada
Salsa de soja
Sal
Pimienta

El vino

Sírvase con un vino blanco untuoso y con crianza en barrica de los montes de Santa Cruz en California (EE.UU.), de la variedad chardonnay, o con un vino tinto clásico con larga crianza en madera de D.O.Ca. Rioja, elaborado con tempranillo, graciano y mazuelo.

En primer lugar, se prepara la salsa vertiendo todos los ingredientes en un cuenco y batiéndolos hasta licuarlos. La salsa puede reservarse en el frigorífico durante semanas y, para potenciar su sabor, bastará con añadir pimentón picante o bien un poco de chile picante.

Para elaborar el pescado, se unta con la salsa y se deja adobar durante dos horas como mínimo en el frigorífico para que se impregne bien de su sabor. A continuación, se dispone en una bandeja para el horno, se cubre con papel de aluminio y se hornea hasta que esté cocido.

La salsa Jerk es básica en la cocina jamaicana y se emplea tanto para adobar pescados como carnes que, tradicionalmente, se cocinan a la barbacoa y se aromatizan mezclando ramas de tomillo u otras hierbas con el carbón.

Dificultad: baja
Preparación: 40 minutos
Cocción: 15 minutos

Langosta enchilada

Ingredientes para 4 personas

4 langostas
16 almejas
1/2 cebolla
2 dientes de ajo
1/2 pimiento rojo
1/2 taza de salsa de tomate
1/4 de taza de vino blanco
1 hoja de laurel
1/2 cucharadita de salsa Worcestershire
1/2 taza de aceite de oliva
Perejil
Sal
Pimienta

El vino

Acompañar de un vino blanco fermentado en barrica con D.O. Penedès, de la variedad chenin blanc, o de un vino blanco con poca crianza con D.O.C. Valle D'Aosta (Italia), elaborado con chardonnay.

Se separan las colas de las langostas, se lavan y se cortan en trozos de aproximadamente cinco centímetros, dejando el caparazón para que el guiso quede más sabroso.

Se fríen los trozos de la langosta en aceite bien caliente y, cuando empiezan a adoptar un tono rosado, se agregan la cebolla y el pimiento finamente picados junto con los ajos majados. Se deja sofreír el conjunto unos minutos y se añade a continuación el perejil bien picado, la salsa de tomate, el laurel, el vino, la salsa Worcestershire y se salpimienta al gusto. Se mantiene a fuego lento durante unos quince minutos incorporando las cabezas en este punto si se desea emplearlas en la presentación. Cinco minutos antes de terminar la cocción, se incorporan las almejas. Se sirve la preparación acompañada con arroz blanco (ver *Arroz blanco*) y ensalada.

Se recomienda cocinar la langosta sin pelarla porque se potencia en gran medida su sabor y el guiso queda mucho más jugoso. Para cortar el caparazón de la langosta y mantener la carne intacta, se le da un golpe seco con un hacha o cuchillo grande.

Dificultad: baja
Preparación: 20 minutos
Cocción: 20 minutos

Camarón termidor

Ingredientes para 4 personas

400 g de gambas
150 g de champiñón laminado
100 ml de nata líquida
1 vaso de vino blanco
1 cucharada de mantequilla
Queso rallado (opcional)
Sal

El vino

Acompañar de un vino blanco fermentado en barrica con D.O.Ca. Rioja, elaborado con las variedades malvasía, moscatel y viura, o de un vino blanco sin crianza con A.O.C. Rully (Francia), de la variedad chardonnay.

Se funde la mantequilla en una sartén y se incorporan las gambas peladas, los champiñones picados, la nata, el vino blanco y una pizca de sal, todo a la vez. Se deja el conjunto a fuego lento hasta que los champiñones y las gambas estén blandos y la salsa haya espesado un poco; se puede añadir queso rallado. Se sirve muy caliente.

La denominación de este plato, que también queda excelente con langosta, proviene del mes termidor, el undécimo del calendario republicano francés (del 19 de julio al 17 de agosto). Trotsky reinterpretó el término y lo empleó para designar la toma de poder por parte de la burocracia estalinista conservadora.

Cocinas del mundo

Postres

Dificultad: baja
Preparación: 15 minutos
Cocción: 40 minutos

Dulce de papaya

Ingredientes para 4 personas

350 g de papaya
150 g de azúcar
Mondadura de 1 limón
Queso cremoso
1 ramita de canela
1 pizca de sal

El vino

Servir con un vino blanco dulce sin crianza de la Tierra de Castilla y León, de las variedades sauvignon blanc y verdejo, o con un vino blanco dulce con poca crianza de la zona del valle del Curicó (Chile), elaborado con riesling.

Se pela la papaya y se corta en pequeños dados, que se ponen a hervir en una cacerola con el azúcar cubiertos con agua. Se añade una pizca de sal, la ramita de canela en rama y un trozo de corteza de limón para aromatizar. Se deja la papaya a fuego lento hasta que prácticamente se deshaga y la mezcla quede a punto de almíbar. Se acompaña el dulce de papaya frío con queso cremoso.

En los postres cubanos se acostumbra a añadir siempre una pizca de sal.

Dificultad: baja
Preparación: 35 minutos
Cocción: 40 minutos

Coco rallado

Ingredientes para 4 personas

250 g de coco seco
Queso cremoso
100 g de azúcar
100 ml de agua
1 pizca de sal
Mondadura de 1/2 limón

El vino

Acompañar de un vino blanco dulce con crianza con D.O. Tacoronte-Acentejo, de la variedad listán blanco, o de un vino blanco dulce fortificado con crianza con D.O. Porto (Portugal), de la variedad gouveio.

Se pela el coco y se ralla toda la pulpa blanca de su interior con ayuda de un guayo. A continuación, se lleva al fuego en una cacerola o un cazo con el agua, el azúcar y una pizca de sal y se deja cocer hasta que prácticamente se haya evaporado el líquido. En este punto, se incorpora la mondadura de limón para aromatizar y, cuando el coco quede almibarado, se reserva la preparación y se deja enfriar. Se sirve con queso cremoso.

El guayo es un rallador utilizado por los indios para hacer el cazabe.

Dificultad: media
Preparación: 40 minutos
Cocción: 30 minutos

Cascos de guayaba con queso

Ingredientes para 4 personas

250 g de guayabas maduras
200 ml de agua
200 g de azúcar
1 pizca de sal
1 ramita de canela
Queso cremoso

El vino

Acompañar de un vino blanco dulce sin crianza con D.O. Penedès, de la variedad gewürztraminer, o de un vino blanco dulce con poca crianza de la zona de Australia del Sur, elaborado con semillon.

Se pelan las guayabas y se cortan en mitades. Se retiran las pepitas con cuidado y se ponen a cocer en abundante agua hasta que estén semiblandas. Se toman doscientos mililitros del agua de cocción de las guayabas y se pasan a un cazo junto con el azúcar, la ramita de canela, la pizca de sal y los cascos semicocidos. Se cuecen a fuego lento hasta que se forme un almíbar. Se deja refrescar la preparación y se reserva en el frigorífico hasta el momento de presentar el postre. Se colocan en los platos los cascos de guayaba en almíbar y se sirven con una bola de queso cremoso.

En Cuba, en lenguaje coloquial, guayaba significa mentira o embuste.

Dificultad: baja
Preparación: 25 minutos
Cocción: 2 horas

Flan habanero
Flan de leche condensada

Ingredientes para 4 personas

6 huevos
1 lata de leche condensada (400 g)
Agua
Caramelo líquido

El vino

Acompañar de un vino tinto dulce con poca crianza con D.O. Alella, de la variedad mataró, o de un vino blanco dulce con crianza de la zona de Tokaj (Hungría), de las variedades furmint, harlesvelu y moscatel.

Se baten los huevos y se mezclan con la leche condensada. Se llena la lata de leche condensada de agua para tener la medida exacta y se incorpora a la mezcla, que se bate para que se integren perfectamente todos los ingredientes. Se unta la flanera (o moldes individuales) con caramelo líquido y se vierte la mezcla. Se cubre con papel de aluminio y se sella bien para que no entre agua. Se cuece al baño María durante un par de horas, se deja enfriar y se reserva en el frigorífico.

Un postre típico de La Habana, como su propio nombre indica, que ofrece el dulzor característico de la leche condensada.

Dificultad: baja
Preparación: 50 minutos
Cocción: 30 minutos

Flan de coco

Ingredientes para 4 personas

1/2 taza de azúcar
500 ml de leche entera
100 g de coco rallado
3 huevos
1 lata de leche condensada (400 g)
1 cucharadita de vainilla en polvo
1 cucharadita de sal

El vino

Acompañar de un vino blanco dulce con crianza con D.O. Montilla-Moriles, de la variedad pedro ximénez, o de un Madeira blanco dulce con crianza, elaborado con malvasía.

Se pone al fuego el azúcar hasta que se funda y se baña con ese caramelo la base y las paredes de la flanera. En un cuenco grande, se mezclan la leche, el coco rallado, los huevos, la leche condensada, la vainilla en polvo y la sal. Se bate el conjunto, se vierte en la flanera y se hornea al baño María a 180 °C durante media hora, hasta que el flan esté completamente cuajado.

El coco es una de las frutas favoritas y más empleadas en la cocina caribeña.

Dificultad: baja
Preparación: 25 minutos
Cocción: 15 minutos

Torrejas
Torrijas

Ingredientes para 4 personas

12 rebanadas de barra de medio
3 huevos
1 l de leche
1 rama de canela
Vino seco
Aceite de soja (para freír)
Azúcar
Agua

El vino

Acompañar de un vino tinto dulce con crianza con D.O. Ampurdán-Costa Brava, de las variedades garnacha tinta y garnacha blanca, o de un vino blanco dulce Beerenauslese con crianza en botella de la zona de Burgenland (Austria), elaborado con la variedad grüner veltliner.

Se pone un cazo al fuego y se lleva a ebullición la leche con la rama de canela. Se disponen las rebanadas de pan, que preferiblemente estarán secas, ordenadas en una bandeja alta y se riegan con la leche infusionada con canela. Luego se humedece cada rebanada individualmente con una cucharada de vino seco, se cubre la fuente con un paño y se deja reposar el pan durante veinticuatro horas.

Al día siguiente, se baten los huevos y, con sumo cuidado, se mojan las rebanadas en el huevo batido y se fríen en aceite bien caliente hasta dorarlas. Se reservan sobre papel absorbente para que escurran el exceso de grasa y, entre tanto, se prepara un almíbar suave en un cazo con el azúcar y el agua. Antes de servir las torrijas, se endulzan con el almíbar.

Estas torrijas pueden bañarse también con una buena miel de caña.

Dificultad: media
Preparación: 25 minutos
Cocción: 50 minutos

Pudin de guayaba

Ingredientes para 4 personas

1 pan de molde seco sin corteza
6 huevos
4 cascos de guayaba
1 lata de leche condensada (400 g)
Agua
Caramelo líquido

Para los cascos de guayaba:

250 g de guayabas maduras o pintonas
200 ml de agua
1 taza de azúcar
1 ramita de canela
1 pizca de sal

El vino

Acompañar de un vino blanco dulce sin crianza con D.O. Alicante, de la variedad moscatel, o de un vino blanco dulce con crianza de la zona de Paarl (Sudáfrica), elaborado con la variedad chenin blanc.

Se preparan los cascos de guayaba (ver *Cascos de guayaba con queso*). Se corta el pan en rebanadas finas. Se baten los huevos en un cuenco y se mezclan con la leche condensada. Se llena la lata de leche condensada de agua para obtener la medida exacta y se incorpora a la mezcla. Se remueve y, a continuación, se cortan pequeños los cascos de guayaba y se agregan junto con el pan. Se remueve el conjunto y se vierte en un molde previamente untado con caramelo. Se deja descansar durante una hora como mínimo para que el pan se empape de todos los sabores y se cuece el pudin al baño María. Se comprueba la cocción introduciendo un palillo en el centro: si sale seco y limpio, la preparación está en su punto. Se retira del fuego, se deja entibiar y se reserva en el frigorífico hasta el momento de servirlo.

Si se prefiere, se puede fundir azúcar con agua en el propio molde o en un cazo para elaborar el caramelo. La proporción es de dos cucharadas de agua por tres de azúcar.

Dificultad: media
Preparación: 25 minutos
Cocción: 50 minutos

Pudin de coco

Ingredientes para 4 personas

1 pan de molde seco sin corteza
6 huevos
100-150 g de coco rallado
1 lata de leche condensada (400 g)
Agua
Caramelo líquido

El vino

Acompañar de un Oloroso dulce con crianza con D.O. Jerez-Xérès-Sherry, de las variedades palomino fino y pedro ximénez, o de un vino blanco dulce de vendimia tardía con crianza en botella con A.O.C. Alsacia (Francia), elaborado con pinot gris.

Se baten los huevos en un cuenco mezclados con la leche condensada y la misma cantidad de agua (puede usarse la lata de leche condensada vacía para calcular la cantidad). Cuando el líquido esté bien batido, se incorporan el coco rallado y el pan cortado en rebanadas muy finas. Se trabaja la pasta y se vierte en un molde previamente untado con caramelo. Se deja descansar durante una hora como mínimo para que el pan se empape bien y se cuece al baño María. Se comprueba la cocción con un palillo, se retira del fuego, se deja entibiar y se reserva en el frigorífico hasta el momento de servirlo.

El coco es uno de los productos estrella de la cocina cubana y se emplea en múltiples preparaciones, tanto dulces como saladas.

Dificultad: media
Preparación: 3 minutos
Cocción: 2 horas

Pudin de pan y pasas

Ingredientes para 12 personas

1 barra de pan
3/4 de taza de azúcar
1/4 de taza de agua
2 tazas de leche
4 huevos
4 cucharadas de mantequilla
2 cucharadas de vino seco
1/2 taza de pasas de California
1/4 de cucharadita de nuez moscada
1/4 cucharadita de canela molida
1/4 cucharadita de vainilla
1 cucharada de brandy

El vino

Acompañar de un vino tinto dulce con poca crianza con D.O. Tacoronte-Acentejo, de la variedad listán negro, o de un vino tinto dulce con crianza con D.O.C. Recioto della Valpolicella (Italia), elaborado con las variedades corvina, rondinella y molinara.

Se precalienta el horno a 185 °C. Se corta el pan (si es posible, seco) en rebanadas y se remoja en la leche. Se prepara el caramelo calentando el azúcar y el agua en un cazo al fuego y removiendo constantemente hasta que se derrita, bañando con él el molde. Se baten los huevos con el azúcar, la mantequilla fundida, el vino seco y el brandy. Cuando esté todo bien mezclado, se añaden la canela, la nuez moscada, la vainilla, el pan remojado en leche y las pasas. Se vierte el conjunto en el molde y se hornea al baño María durante dos horas. Para saber si está listo, se introduce un palillo y debe salir bien seco. Se apaga el fuego y se deja reposar el pudin antes de desmoldarlo.

En la dinámica de aprovechar los alimentos al máximo, el pan duro se emplea en este postre y otros muchos en multitud de combinaciones.

Cocina de autor

Wilo Benet
Restaurante Pikayo

Formado en el Culinary Institute of America y en prestigiosos establecimientos como The Maurice Restaurant, The Water Club o Le Bernardin Restaurant de Nueva York, regresó a Puerto Rico en 1988 como *chef* de la cocina de la Mansión del Gobernador. Dos años más tarde inauguró Pikayo, el restaurante desde el que muestra al mundo los sabores de la cocina isleña contemporánea.

Mario Pagán
Restaurante Chayote

Puertorriqueño amante de la gastronomía caribeña, es un maestro en la combinación de ingredientes y la elaboración de sorprendentes recetas, mezcla de tradición y modernidad. Formado en la prestigiosa Jonhson and Wales University of Culinary Arts, creció profesionalmente de la mano de Alfredo Ayala, fundador del restaurante Chayote, desde el que Pagán, ahora como propietario y *chef,* difunde la grandeza de la cocina caribeña.

Douglas Rodríguez
Restaurante Ola

Aprendiz en prestigiosos hoteles de Miami, es hoy considerado una figura de la nueva cocina latina. Desde que en 1989 abrió el restaurante Yuca ha acumulado premios como el que recibió con 24 años al Chef del Año de Miami por parte de *The Chefs of America*. *Newsweek* le consideró uno de los 100 americanos que más influirá en el nuevo milenio. Actualmente sorprende en el restaurante Ola, junto al innovador *chef* pastelero José Luis Flores.

Wilo Benet

Foie gras a la plancha con maduros

Foie gras a la plancha con plátanos maduros

Ingredientes para 4 personas

240 g de foie gras
4 cucharadas de miel de trufa
2 plátanos maduros
120 g de cilantrillo
Harina para empanar
Aceite vegetal
Sal
Pimienta

El vino

Sírvase con un vino blanco dulce con crianza en barrica de A.O.C. Loupiac (Francia), elaborado con sémillon, sauvignon y muscadelle, o con un vino blanco de vendimia tardía de D.O. Navarra, de la variedad moscatel.

Primero se corta el *foie gras* en forma de bloque, se condimenta con sal y pimienta, se enharina y se reserva en el frigorífico. Se cortan los plátanos maduros en rodajas de unos dos centímetros y medio, se fríen en aceite vegetal hasta que estén dorados y se reservan en caliente sobre papel de cocina para que escurran el exceso de grasa.

En una plancha muy caliente, se marca el *foie* hasta que ofrezca una leve resistencia al tacto y ambos lados del bloque queden crujientes y dorados.

Presentación: Se coloca el *foie gras* sobre los plátanos maduros, se vierte la miel alrededor con ayuda de una cuchara y se coloca encima el cilantrillo.

Wilo Benet

Gambas con chorizo y salsa de guanábana

Ingredientes para 4 personas

4 gambas
450 g de chorizo
170 g de mantequilla
170 g de puré de guanábana
2 chalotas
60 g de vinagre de arroz
60 g de vino blanco
60 g de crema espesa
Cebollino
Aceite de oliva
Sal
Pimienta

El vino

Sírvase con un vino blanco criado sobre lías de D.O. Valdeorras, de la variedad godello, o con un vino blanco fermentado en barrica de A.O.C. Chablis (Francia), elaborado con chardonnay.

Se comienza preparando la salsa en una cacerola mediana, derritiendo a fuego lento treinta gramos de mantequilla y rehogando las chalotas picadas hasta que estén traslúcidas. A continuación se agregan el vinagre y el vino blanco y se deja reducir el líquido a la mitad antes de incorporar la crema espesa. Se deja hervir el conjunto durante dos minutos, se añade la pulpa de guanábana triturada y se deja dos minutos más en el fuego, tras los cuales se retira la cacerola del fuego y se agita la preparación vigorosamente con unas varillas. Se incorpora entonces el resto de la mantequilla y se salpimienta.

Se corta el chorizo en juliana, se doran las tiras en una sartén con su propia grasa y se reservan en caliente. Se pelan las gambas dejando el extremo de la cola y se les practica una incisión en el lomo para retirar el conducto intestinal. En una plancha bien caliente, se doran en aceite de oliva por ambos lados y se dejan cocinar hasta que estén totalmente crujientes (entre tres y cuatro minutos).

Presentación: Para montar el plato, se dispone un poco del chorizo frito en la base y la gamba justo encima. Se vierte un poco de salsa alrededor de la gamba y se decora el conjunto con cebollino.

Wilo Benet

Entrecot de búfalo con juliana de snow peas *en una reducción de ternera y maní*

Entrecot de búfalo con juliana de tirabeques en una reducción de ternera y cacahuete

Ingredientes para 4 personas

4 piezas de 60 g de entrecot de búfalo
16 tirabeques
6 setas shiitake
225 g de salsa demi-glace
1 cucharada de mantequilla de maní
170 g de vino blanco
1 rama de canela
6 clavos de olor
2 cucharadas de maní tostado
Aceite de oliva
Sal
Pimienta a gusto

El vino

Acompáñese de un vino tinto con crianza del valle de Napa en California (EE.UU.), de la variedad zinfandel, o de un vino tinto con crianza de D.O. Jumilla, elaborado con monastrell.

Primero se cortan las setas y los tirabeques en juliana y se reservan. Para elaborar la salsa, se deja reducir a la mitad en una sartén el vino con la canela y los clavos y se incorpora la mantequilla de maní. Cuando esté bien disuelta, se agrega la *demi-glace* y se deja hervir todo un minuto. Se salpimienta, se pasa por un colador fino y se reserva en caliente. Se condimentan las piezas de búfalo con sal y pimienta y se sellan a la plancha, cociéndolas durante uno o dos minutos por ambos lados. Finalmente, se saltean las setas y los tirabeques en una sartén a fuego medio con un poco de aceite de oliva y se salpimientan. Los tirabeques deberán quedar *al dente*.

Presentación: Una vez completados los diferentes pasos, se coloca un poco de salteado en la base del plato regado con la salsa, se dispone el entrecot fileteado encima y se decora el conjunto con los cacahuetes picados.

Wilo Benet

Vieiras y guisantes de soya en una emulsión de maíz

Ingredientes para 4 personas

4 vieiras de mar grandes
6 cucharadas de semillas de soja
4 tazas de caldo de pollo
1 taza de aceite de oliva
2 tazas de maíz fresco
Sal
Pimienta

El vino

Servir con un vino blanco sin crianza de A.O.C. Savennières (Francia), de la variedad chenin blanc, o con un vino blanco sin paso por barrica de D.O. Rías Baixas, elaborado con albariño, loureira y caíño.

Para empezar se prepara una emulsión de maíz colocando los granos de maíz y el caldo en una cacerola pequeña. Se dejan hervir los granos hasta que estén tiernos, se escurren y se baten a velocidad alta mientras se añade un hilo fino de aceite de oliva para formar la emulsión. Se pasa ésta por un colador chino, se salpimienta y se reserva en caliente. A continuación, se hierve la soja durante unos tres minutos al vapor y se salpimienta. Las vieiras se condimentan asimismo con sal y pimienta y se sellan en una plancha durante uno o dos minutos por ambos lados, de forma que el centro quede ligeramente crudo.

Presentación: Para montar el plato, se dispone un poco de la emulsión de maíz en el centro con la soja y encima la vieira.

Wilo Benet

Raviolis rellenos de pesto y trufa negra

Ingredientes para 4 personas

60 g de foie gras
8 laminas de pasta wonton
2 quesos de trufa negra
16 hojas de espinacas
6 cucharadas de nueces de pino (piñones)
4 colmenillas
12 hojas de estragón
2 huevos batidos
2 cucharadas de aceite de trufa blanca
Aceite de oliva
Harina
Sal
Pimienta

El vino

Servir con un vino tinto con crianza de D.O.C. Montepulciano d'Abruzzo (Italia), de la variedad montepulciano, o con un vino tinto con crianza moderno de D.O. Bierzo, elaborado con mencía.

Se elabora un *pesto* con las espinacas hervidas y los piñones. Se salpimienta y se agrega aceite de oliva hasta obtener la consistencia adecuada de la salsa, que se reserva para el relleno. Los quesos de trufa se cortan en pequeños dados y se reservan. A continuación, se extienden las láminas de pasta *wonton* en la mesa de trabajo, espolvoreada con un poco de harina para evitar que se peguen a la superficie. Sobre cada una de las láminas se coloca media cucharadita de *pesto* y un dado de trufa. Se unta el contorno de la lámina con un poco de huevo batido y se coloca encima una segunda lámina, asegurándose de que los bordes queden bien adheridos.

Se cortan las setas y el *foie* en dados pequeños y se saltean en una sartén a fuego vivo, primero el *foie* y luego las colmenillas con la grasa que haya soltado éste. Se salpimientan y se procede al montaje del plato.

Presentación: Para montar el plato, se hierven los raviolis por unos cinco o siete minutos y se escurren. Se sitúan en un plato hondo de modo que cubran toda la base y se decoran con el salteado de *foie* y colmenillas. Se adereza el plato con aceite de trufa blanca y las hojas de estragón.

Mario Pagán

Vieira con corteza de bacalao envuelta en ajo puerro sobre puré de batata local y crema de maíz con trufa

Ingredientes para 4 personas

4 vieiras
2 batatas
120 g de bacalao
80 g de ajo puerro
60 g de leche de coco
Sal

Para la crema de maíz con trufa:

100 g de maíz en grano
225 g de crema espesa
2 chalotas
15 g de trufa
Sal

El vino

Servir con un vino blanco sin madera de D.O. Penedès, elaborado con riesling, o con un vino blanco sin barrica de la zona del Mosela (Alemania), de la variedad riesling.

Se pelan y se pican las batatas y se cuecen durante quince minutos en agua hirviendo. Se escurren y se trituran hasta conseguir un puré, que se sazona al gusto y se mezcla con la leche de coco. Las vieiras se sellan en una sartén hasta dorarlas y luego se pasan al horno a 200 ºC durante cuatro minutos. El bacalao, previamente desalado, se tritura bien fino hasta obtener una pasta. En cuanto al ajo puerro, se corta en finas láminas y se saltea.

La crema de maíz con trufa: Se lleva una olla al fuego con la crema espesa, el maíz y las chalotas y se dejan cocer a fuego lento durante quince minutos, hasta que el maíz esté blando. Seguidamente, se tritura todo con la batidora y se pasa por un colador chino para obtener una crema sedosa, que se devuelve a la cacerola y se deja reducir durante ocho minutos. Mientras reduce, se le incorpora la trufa rallada y sal al gusto.

Presentación: Sobre un lecho de puré de batata se coloca un rollo de ajo puerro relleno con una vieira recubierta con pasta de bacalao. Se decora el plato con la salsa de maíz y trufa.

Mario Pagán

Paletilla de cordero confitada sobre puré de guisantes con reducción de tempranillo y acerola

Ingredientes para 4 personas
750 g de paletilla de cordero
Hierbas aromáticas
Aceite
Sal

Para el puré de guisantes:
450 g de guisantes
2 chalotas
1 cucharada de mantequilla
Sal

Para la salsa de tempranillo y acerola:
120 g de pulpa de acerola
2 chalotas
3 tazas de tempranillo
Mantequilla
Sal

El vino

Servir con un vino tinto con crianza de D.O. Ribera del Duero, de la variedad tempranillo, o con un vino tinto con crianza de I.G.T. Toscana (Italia), elaborado con sangiovese.

La paletilla: Para confitar la paletilla, se marina primero durante veinticuatro horas espolvoreada con sal y hierbas aromáticas al gusto de cada cual. Transcurrido este tiempo, se cocina en aceite a fuego bajo durante seis horas. Una vez tierna, se deshuesa, se trocea y se lleva al horno para dorar la piel.

El puré de guisantes: Paralelamente, se lleva una cacerola al fuego con agua y, cuando llega al punto de ebullición, se echan los guisantes. Las chalotas se pican y se saltean en una sartén con un poco de mantequilla. A continuación, se colocan en un robot de cocina ambos ingredientes con un poco de mantequilla y una pizca de sal y se trituran hasta obtener un puré.

La salsa de tempranillo y acerola: Para elaborar la salsa, se saltean primero las chalotas picadas en una sartén con mantequilla y, cuando estén traslúcidas, se riegan con el tempranillo. Se incorpora entonces la pulpa de acerola y se deja reducir la combinación a la mitad. Hacia el final de la cocción, se rectifica de sal.

Presentación: Se coloca en el centro del plato una buena porción de puré de guisantes formando un círculo. Se dispone encima un trozo de paletilla de cordero y se rodea la presentación con la salsa.

Mario Pagán

Potaje de yautía con crujiente de serrano

Ingredientes para 4 personas

800 g de yautías
150 g de jamón serrano
100 g de cebolla
1 diente de ajo
4 tazas de caldo de pollo
Sal

El vino

Sírvase con un vino blanco fermentado en barrica de D.O.Ca. Priorat, de la variedad garnacha blanca, o con un vino tinto con crianza maduro y tradicional de D.O. Alentejo (Portugal), elaborado con tinta amarela y aragonez.

Se pelan las yautías y se trocean. Se lleva una cacerola al fuego con el caldo de pollo y, cuando rompe el hervor, se agrega la yautía y se deja cocer hasta que esté blanda. Se incorporan también la cebolla y el diente de ajo para aromatizar el caldo. Una vez que esté todo cocido, se bate el conjunto hasta obtener una crema clara, rectificando de sal y añadiendo más caldo de pollo en caso necesario. Una vez lista la crema, se cortan las lonchas de jamón serrano en finas tiras y se doran en una sartén con aceite hasta que queden bien crujientes. Se sirve la crema en plato hondo decorada con una pequeña cúpula central de tiras de jamón crujientes.

Mario Pagán

Filete de rodaballo atlántico sobre arborio negro, calabaza y rúcula baby del país

Ingredientes para 4 personas

4 filetes de rodaballo de 200 g
500 ml de caldo de verduras
2 tazas de arroz arborio
100 g de tinta de calamar
80 g de calabaza
Rúcula baby
Sal

El vino

Sírvase con un vino blanco sin crianza de la zona de Mendoza (Argentina), de la variedad torrontés, o con un vino blanco con breve paso por madera de D.O. Penedès, elaborado con xarel·lo.

Se sellan los filetes de rodaballo en una sartén a fuego vivo y se pasan a una bandeja para el horno. Se hornean durante ocho minutos a 200 °C. Se lleva un cazo al fuego con el caldo de verduras y se le incorpora la tinta de calamar. Cuando el caldo rompa el hervor, se incorpora el arroz y se deja a fuego medio hasta que esté cocinado. Una vez cocido, se escurre y se reserva. El líquido restante se vuelve a llevar al fuego y se deja reducir hasta obtener una salsa espesa.

La calabaza se pica en pequeños dados y se cuece en agua hirviendo con una pizca de sal. Cuando esté blanda, se escurre y se mezcla con el arroz negro previamente reservado. Se rectifica de sal y se dispone la mezcla en un molde cilíndrico en el centro del plato. Sobre el arroz se coloca el filete de rodaballo recién salido del horno y decorado con las hojas verdes. Se termina la decoración del plato con la salsa negra y unos dados de calabaza.

Mario Pagán

Rollitos de chayote en hojaldre con helado de turrón y reducción de oporto

Ingredientes para 4 personas

5 chayotes
2 tazas de azúcar
60 g de mantequilla
115 g de brandy
2 cucharadas de pasas
1/4 de taza de agua
1 cucharada de fécula de maíz
Zumo de 1 limón
Pasta filo
1 huevo
Azúcar glas
Almendras laminadas

Para la salsa de oporto:

1/2 botella de oporto
1 taza de azúcar
4 ramitas de canela

Para el helado de turrón:

3 tazas de leche
3 tazas de nata
2 tazas de azúcar
1 vaina de vainilla
18 yemas de huevo
1 barra de turrón

El vino

Sírvase con un vino dulce con crianza L.B.V. de D.O. Porto (Portugal), elaborado con touriga nacional, tinta roriz y otras, o con un vino tinto dulce con crianza de D.O. Jumilla, de la variedad monastrell.

Los rollitos de chayote: Se pelan los chayotes y se pican en pequeños dados. Se lleva un cazo al fuego con el azúcar, las pasas, la mantequilla, el *brandy* y el zumo de limón y se cuecen los chayotes hasta que estén bien blandos. Seguidamente, se añade la cucharada de fécula de maíz, se tritura la mezcla y se pone a enfriar. Una vez fría, se cortan cuadrados de pasta filo, que se pegan con mantequilla fundida y se rellenan con dulce de chayote. Se forman los rollos y se sellan con un poco de huevo batido. Justo antes de servir el postre, se fríen.

La salsa de oporto: Se lleva un cazo al fuego con el oporto, el azúcar y la canela y se deja reducir el líquido hasta lograr la consistencia deseada.

El helado de turrón: Se pone a hervir la leche con la nata y la vaina de vainilla. Entre tanto, se baten las yemas con el azúcar hasta que espumen y, una vez que la leche esté caliente, se incorporan y se cocina la mezcla al baño Maria. Se deja entibiar y se añade una barra de turrón molido. Seguidamente, se vierte el conjunto en una heladera para hacer el helado.

Presentación: Se sirven los rollos con una bola de helado de turrón espolvoreados con azúcar glas y almendras laminadas y regados con la reducción de oporto.

Douglas Rodríguez

Ceviche ecuatoriano con camarones

Ingredientes para 4 personas

450 g de camarones pelados y desvenados
1 tomate grande
2 jalapeños
2 pimentones rojos
1/2 cebolla
3/4 de taza de jugo de limón
1/2 taza de jugo de naranja
1/4 de taza de jugo de tomate
1 cucharadita de azúcar
Sal
Tabasco

Para la guarnición:

1 cebolla roja
2 cucharadas de cebolleta
2 cucharadas de cebolla verde
1 tomate
Maíz tostado

El vino

Servir con un vino fermentado en barrica de D.O. Penedès, elaborado con chenin blanc, o con un vino blanco sin crianza de la zona de Marlborough (Nueva Zelanda), de la variedad sauvignon.

Una vez peladas las gambas y después de haberles retirado el conducto intestinal, se cuecen en agua hirviendo durante dos minutos aproximadamente. A continuación, se retiran y se pasan a un recipiente con hielo. Se procede con el resto de los ingredientes: se asan los pimientos rojos, los jalapeños y el tomate y se pelan, para luego batirlos con la cebolla, también asada, el zumo de limón y naranja, el tomate, el azúcar, la sal y la cantidad de tabasco deseada. Se escurren las gambas, se mezclan con esta preparación y se disponen en los platos.

Presentación: Se lamina finamente la cebolla roja y se pican bien pequeños el tomate, la cebolla verde y la cebolleta, que se disponen sobre el ceviche antes de servirlo. Se decora el conjunto con maíz tostado.

Douglas Rodríguez

Ceviche arco iris

Ingredientes para 4 personas

225 g de chernia finamente laminada
225 g de salmón finamente laminado
120 g de atún picado en daditos
4 cebollas verdes finamente picadas en diagonal

Para el marinado de jugo cítrico:

1/4 de taza de jugo de naranja
1/2 taza de jugo de limón
1/4 de taza de salsa de soja
2 cucharadas de aceite de limón
1 cucharada de jalapeños al vinagre
2 cucharadas de miel
2 cucharadas de jengibre fresco rallado
1 cucharadita de pimiento rojo molido

Para la guarnición:

1/4 de taza de cilantro picado
1/2 cebolla roja, finamente picada
1 cucharada de semillas de sésamo blanco

El vino

Servir con un vino blanco sin crianza en barrica de D.O. Rueda, de la variedad sauvignon, o con un vino blanco seco sin madera del Mosela (Alemania), elaborado con riesling.

Se prepara el jugo cítrico mezclando todos los ingredientes en un recipiente y se incorporan la chernia y el salmón, que se dejan marinar por dos minutos. Transcurrido este tiempo, se disponen en un plato las lonchas de chernia marinada formando una línea recta, encima el salmón y por último los pequeños dados de atún empapados con un poco de salsa de soja. Se riega todo con un hilo de jugo cítrico y, como guarnición, se espolvorea con cilantro y cebolla picados y unas semillas de sésamo tostadas.

Douglas Rodríguez

Ostras Rodríguez

Ingredientes para 4 personas

2,25 tazas de crema de leche
1/4 de rábano picante
1/4 de espinacas frescas
3 cucharadas de queso manchego
Aceite

Para las ostras empanizadas:

12 ostras
1 huevo batido
Panko *(pan rallado japonés)*
Harina

Para el fufú:

5 plátanos maduros hervidos
60 g de tocino
2 cebollas rojas finamente picadas
Sal
Pimienta

El vino

Servir con un vino blanco maduro sin madera de D.O. Rías Baixas, de la variedad albariño, o con un vino espumoso Brut con buena crianza de A.O.C. Champagne (Francia), elaborado con chardonnay (Blanc de Blancs).

Se cuecen las espinacas en una sartén con un poco de aceite. En otra sartén, se pocha el rábano picante hasta que haya reducido a la mitad y se reserva en un cuenco. Se le añade el queso manchego rallado y la crema de leche. Cuando las espinacas estén blandas, se incorpora esta mezcla a la sartén y se cuece todo junto unos minutos.

Las ostras: Se abren las ostras y se retiran de las valvas. Se pasan individualmente por harina, huevo y *panko* y se fríen en aceite abundante a 160 °C hasta que estén doradas.

El fufú: Se sofríen en una sartén el tocino y la cebolla finamente picada. Los plátanos hervidos se convierten en puré y se incorporan a la sartén cuando la cebolla esté dorada. Se rehoga todo brevemente y se salpimienta la mezcla.

Presentación: Se coloca una cucharada de fufú en cada concha (tres por persona), se dispone encima la crema de espinacas y se corona con la ostra empanizada.

Douglas Rodríguez

Brazo de gitano de dulce de leche

Ingredientes para 4 personas

Para el bizcocho:

16 huevos
180 g de azúcar granulada
90 g de harina
4 cucharadas de extracto de vainilla
Nata montada

Para el dulce de leche:

250 ml de leche entera
2 cucharadas de extracto de vainilla
4 tazas de azúcar

Para el granizado de guanábana:

900 g de pulpa de guanábana fresca
1 taza de azúcar
2 tazas de agua

El vino

Servir con un Cava dulce de buena crianza, elaborado con macabeo, xarel·lo y parellada, o con un vino blanco dulce de vendimia tardía de A.O.C. Alsacia (Francia), de la variedad riesling.

El bizcocho: Se precalienta el horno a 170 °C. Se baten las yemas de los huevos con el azúcar y el extracto de vainilla hasta lograr consistencia y dureza. Se baten las claras a punto de nieve y se incorporan poco a poco a la mezcla de yemas. Se tamiza la harina sobre la mezcla, que se vierte a continuación en una bandeja y se lleva al horno durante unos ocho o diez minutos. Cuando esté fría, se corta un rectángulo de aproximadamente treinta centímetros.

El dulce de leche: Se lleva un cazo al fuego con la leche, el azúcar y la vainilla bien mezclados. Se deja cocinar removiendo cada tanto durante entre dos horas y media y tres, hasta lograr una consistencia espesa. Se deja enfriar el dulce de leche durante toda la noche. Una vez lista la tarta, se retira de la bandeja, se unta con dulce de leche y se enrolla. Se cubre totalmente con nata montada y se reserva en el frigorífico hasta el momento de servirla.

El granizado de guanábana: Se lleva al fuego una cacerola con el agua y el azúcar hasta que éste se disuelva. Se deja reposar a temperatura ambiente, cuando esté tibio, se añade la pulpa de guanábana. Se mezclan hasta que queden bien incorporados y se reserva en el frigorífico un mínimo de seis horas.

Presentación: Se corta el brazo de gitano en porciones. En la base del plato se dispone el granizado de guanábana y alrededor unas lonchas de mango fresco maduro. Se dispone la porción de brazo de gitano encima.

Douglas Rodríguez

Churros con chocolate caliente venezolano

Ingredientes para 6 personas

Para los churros:

4 tazas de agua
1 kg de harina para torta
60 g de mantequilla
Sal
Ron
Aceite
Azúcar
Canela en polvo

Para el chocolate:

2 latas de leche evaporada
1 lata de leche condensada
1 vaina de vainilla
225 g de de chocolate (61%)
7 g de pimienta inglesa
2 clavos de olor
1 cucharada de maicena
1 cucharada de leche

El vino

Sírvase con un vino dulce con poca crianza de D.O. Montilla-Moriles, de la variedad pedro ximénez, o con un vino tinto dulce con crianza de A.O.C. Banyuls (Francia), elaborado preferentemente con garnacha.

Se lleva un cazo al fuego con el agua, la mantequilla, la sal y el ron. Se deja hervir el conjunto cinco minutos y, a continuación, se incorpora la harina sin dejar de remover. Se retira la mezcla del fuego, se bate insistentemente para evitar grumos y se coloca en una manga pastelera con boquilla de estrella. Se forman churros de unos veinte centímetros y se fríen en abundante aceite bien caliente hasta que estén dorados. Se espolvorean con azúcar y canela en polvo.

Mientras tanto, se pone a hervir la leche evaporada con la vainilla, la pimienta inglesa y los clavos. Cuando llegue al punto de ebullición, se retira del fuego y se incorporan la maicena y la leche evaporada. Seguidamente se añade el chocolate y se trabaja hasta que se funda para agregar por último la leche condensada.

La despensa

Achiote
Son las semillas de un pequeño árbol florido de la América tropical, también llamadas bijas. La pulpa roja anaranjada y dura que rodea estas semillas se utiliza para preparar aceite o manteca de achiote, dando color y sabor a platos de carne y aves. Tiene una fragancia fuerte cuando se usan enteras sus semillas.

Albahaca
Una de las plantas aromáticas más apreciadas en la cocina y cuyo uso también se ha extendido a la zona caribeña aunque su origen sea oriental. De ella se utilizan sólo las hojas, tanto frescas como secas.

Arroz
Rico en almidón y calorías aunque con un bajo aporte proteínico, el arroz es una de las principales guarniciones de la cocina del Caribe. Se prepara de infinidad de formas y acompaña todo tipo de alimentos (carnes, pescados, verduras, etc). Por ejemplo, en Cuba, además del internacional arroz a la cubana, también se cocina con frijoles (moros y cristianos o el congrí oriental).

Bacalao
Aunque su origen sean las frías aguas de los mares del Norte, el bacalao también se utiliza para la elaboración de algunos platos de las islas del Caribe, sobre todo en forma de los famosos buñuelos que se han popularizado con el nombre de *Stamp and go* en Jamaica.

Banano
Junto con el café, el cacao y el azúcar, esta fruta tropical es uno de los principales productos caribeños de comercio internacional. Contiene azúcares, por lo que es una importante fuente de energía para esta dieta. En muchas islas se sirve como acompañamiento cortado a rodajas gruesas, aplastadas y fritas (tostones).

Boniatos

También conocidos como yuca dulce, tannia o camote, estas plantas tropicales forman parte de la familia de la *arum*. Son de los tubérculos más usados en el mundo junto con las patatas. Su piel es casi siempre de color marrón y la carne blanca o amarillenta.

Cabra

La carne de cabra es todavía fuente primaria de proteínas en muchas partes del mundo, entre ellas la zona del Caribe. En concreto, la de cabra se prepara con *curry* en Jamaica, mientras que en las Antillas británicas se sazona con todo tipo de especias asiáticas.

Cacao

Otro de los productos autóctonos que han dado la vuelta al mundo desde que Cristóbal Colón lo descubriera en su cuarto viaje al continente americano. El cacao es el principal ingrediente con el que se elabora el chocolate que sirve para realizar los más diversos postres.

Calabaza

Alimento que posee un gran valor diurético, por su alto contenido en fibras y su escaso poder calorífico, siendo muy aconsejable su uso en casos de obesidad y estreñimiento. Rico en vitamina A, se puede consumir de muchas formas: en confitura, mezclada con otras verduras, al horno, en puré, etc.

Callaloo

También conocida como calalú, es un sopa espesa de verduras y cardos que se consume en todo el Caribe, aunque adquiere diferentes nombres en cada isla. En algunos casos, también se le agrega carne, de forma similar al sancocho dominicano, excepto por el color.

Cardo

En todo el Caribe, este vegetal bajo en grasas pero con un alto aporte de fibras se conoce como quingombó. Se cuece siempre (salteado o al vapor) y se usa para espesar sopas y estofados o como acompañamiento. Es popular sobre todo en platos picantes.

Camarones
Aunque la carne sea la principal fuente de proteínas del Caribe, la cocina de esta zona también aprovecha las riquezas de sus aguas. En concreto, crustáceos como los camarones son muy utilizados para infinidad de recetas. Por ejemplo, en Cuba pueden degustarse en sopa o en brochetas.

Cangrejos
Otro delicioso crustáceo muy común en las aguas del Caribe y que fue aprovechado por sus nativos para convertirlo en una excelente fuente de proteínas para su dieta. Además, los cangrejos contienen vitaminas y mucho fósforo.

Caña de azúcar
Aunque su verdadero origen sea India, esta planta alta y delgada se cultiva en todo el Caribe y da lugar a otro de los productos más exportados: el azúcar. Se consigue mediante el calentamiento del jugo de las cañas hasta que éste se "cristalice". Este proceso consiste en evaporar la parte líquida y conseguir así que el azúcar se convierta en una materia sólida.

Coco
De la familia de las *Palmáceas,* el cocotero del cual procede este fruto es la palmera más cultivada e importante del mundo. En el Caribe, además de consumirse como postre, también se usa para contrastar otros sabores como el queso o en algunas recetas de arroces.

Guisantes
Las semillas del guisante, una planta de la familia de las *papilionáceas,* se emplean desde hace siglos en la elaboración de sopas y platos de verdura. También se consume en el Caribe en muchísimas recetas a base de verduras o como guarnición de carnes y pescados.

Huevos
Uno de los principales alimentos para el aporte de proteínas, vitaminas y minerales. En el Caribe, se consumen con arroz en el famoso plato cubano a revueltos, con carnes o acompañando también al delicioso marisco de la zona.

Langostinos
Los langostinos del Caribe tienen fama internacional por su delicioso sabor. Este marisco se consume también de mil maneras, ya que, además de cocidos y acompañados con alguna salsa, también podemos encontrarlos empanados, fritos, etc.

Lentejas
Legumbres ricas en almidón, proteínas y minerales, las lentejas son excelentes para el organismo ya que actúan de forma beneficiosa frente a enfermedades cardiovasculares, ciertos tipos de cáncer y diabetes. Por supuesto, en una zona tan aficionada a los guisos como el Caribe, las lentejas no pueden faltar.

Limón
Aunque su origen también sea el lejano Oriente, el limón es una fruta muy consumida en el Caribe. Rico en vitamina C y antioxidantes, además de utilizarla para cocinar, el limón casa a la perfección con una de las bebidas más internacionales y de origen caribeño: el ron.

Maíz
Ya formaba parte de la dieta de las tribus *arawaks* antes de la llegada de los europeos, por lo que todavía es un pilar fundamental de la dieta caribeña. Además de la mazorca, en el Caribe también es muy importante la hoja que cubre el maíz, ya que se utiliza para cocinar.

Jerk
Esta salsa es uno de los símbolos de identidad de Jamaica. Se elabora con una mezcla de especias (tomillo, pimientas, ají, canela), cebolla, nuez moscada o sal y se utiliza básicamente para acompañar a carnes y pescados.

Melaza

Procedente de la fermentación de cereales –concretamente el maíz y la cebada–, la melaza es un complemento de alto valor nutritivo, rico en diversas vitaminas y minerales (vitaminas del grupo B, potasio, calcio, ácido fosfórico, hierro, cobre, magnesio, etc).

Ñame

Conocido también como batata, aunque su nombre científico es *Ipomoea batatas*. Este tubérculo tiene aproximadamente 250 especies distintas y puede pesar hasta 1/2 kilogramo por ejemplar. Su piel es generalmente marrón y puede ser rugosa, lisa o velluda, mientras que su carne es de color blanco o amarillento con textura carnosa.

Pargo

Aunque existen diferentes variedades de este popular pescado capturado en las islas caribeñas, el pargo colorado es el más apreciado y consumido de toda la zona que, aunque con mayor dominio de la carne en la recetas populares, cuenta con unas aguas de fauna muy rica.

Patata

Aunque oriundo de Perú y Bolivia, este tubérculo, también llamado papa, ya se cultivaba en la zona del Caribe antes de la llegada de Colón. Actualmente, es el ingrediente estrella de infinidad de recetas. De hecho, el origen de la palabra proviene de un término caribeño.

Pollo

Con la cabra y el cerdo, la carne blanca del pollo es una de las principales fuentes de proteínas para los habitantes del Caribe. De hecho, es el ingrediente básico de platos tan característicos y populares como la catibía de República Dominicana o el asopao puertorriqueño.

Piña

Otra fruta tropical de importante consumo en las islas. Jugosa y rica en nutrientes, la piña tiene un contenido de agua muy alto, por lo que su valor calórico resulta bajo. Es uno de los principales postres de la zona, junto con el banano o plátano.

Tomates

Con poco valor energético, esta fruta-hortaliza es fuente importante de minerales como el potasio y el magnesio, a la vez que tiene un alto contenido vitamínico. En el Caribe, además de crudos, también se utilizan para la elaboración de salsas, como por ejemplo la "criolla", elaborada también con cebolla, ajo y diversas especias.

Yuca

También conocida como mandioca, se trata de una verdura tropical cuya raíz fibrosa es consumida como alimento. Rica en hidratos de carbono, presenta una carne de color blanco, recubierta por una corteza de color pardo o marrón oscuro y de aspecto leñoso. Es el ingrediente esencial del plato nacional cubano: el ajiaco.

Las bebidas

No hay duda que el ron es la bebida por excelencia de la gran mayoría de países caribeños. Las islas más importantes cuentan con sus propias marcas, utilizadas para realizar cócteles tan populares en todo el mundo como el cubalibre, la piña colada, el daiquiri o el mojito. El Caribe también aprovecha sus excelentes frutas tropicales en la elaboración de zumos y sorbetes.

El ron es un destilado que se obtiene del jugo o la melaza de la caña de azúcar, previamente fermentadas para la obtención de alcohol. Su origen se remonta a 1493, cuando el mismo Cristóbal Colón introdujo el cultivo de la caña de azúcar en la isla de La Española –ocupada en la actualidad por Haití y República Dominicana–, desde donde se expandió por todo el Caribe.
Pronto se descubrió que, junto al azúcar, la caña también ofrecía una ardiente bebida alcohólica.
La primera documentación sobre este destilado data de alrededor de 1650 en la isla de Barbados. Por aquel entonces se elaboraba un licor muy fuerte, que fue bautizado como *kill devil* (diablo asesino) y *rumbullion,* una palabra que se utilizaba para referirse a un gran tumulto o pelea y que se convertiría en la raíz de la denominación actual de "ron".
Durante los siglos siguientes, el ron ganó fama como bebida propia de marineros y piratas, ya que ayudaba a mantener el ánimo en las largas travesías.
En el Caribe, su elaboración se convirtió en un elemento económico y social de gran importancia. En primer lugar, por la llegada de esclavos africanos para trabajar en los cultivos de caña de azúcar, un colectivo que influiría decisivamente en la cultura de las islas. En los siglos XVII y XVIII, también fue utilizado como moneda de cambio en el tráfico de esclavos y el comercio de mercancías.
La demanda de ron creció de tal forma que se instalaron destilerías en la región estadounidense de Nueva Inglaterra o en la misma ciudad de Nueva York, a donde llegaba melaza procedente del Caribe.
Desde entonces, su producción se ha mantenido en excelente forma, hasta el punto de que el ron está considerado una de las bebidas alcohólicas más consumidas. En islas como Cuba, Puerto Rico, Jamaica, República Dominicana o Barbados sobreviven numerosas destilerías, propiedad de marcas conocidas en todo el mundo.

Cócteles con ron

El ron es un licor incoloro que, en función del período y el sistema de envejecimiento, puede tomar un color dorado u oscuro, o puede ser mezclado con extractos de frutas o especias. En el Caribe, los tipos de ron más pesados y sabrosos se obtienen en Jamaica, donde suele suavizarse en un ponche elaborado con jugo de limón y zumos de frutas. La mayoría de países caribeños todavía conservan la tradición de beber ron puro o con hielo, mientras en el resto del mundo es la base de conocidos cócteles, cuyos orígenes esconden curiosas y, en ocasiones, contradictorias historias. Por ejemplo, el cubalibre o *rum and coke* –preparado con ron, refresco de cola y una rodaja de limón– parece que nació durante la guerra entre España y Estados Unidos a finales del siglo XIX. La conocida marca Bacardí explica que un oficial estadounidense pidió en un bar de La Habana una bebida a base de ron, refresco de cola y zumo de lima. La combinación tuvo un éxito inmediato y uno de los soldados brindó por "una Cuba libre". El origen del daiquiri –una mezcla en coctelera de ron blanco, zumo de limón, gotas de marrasquino, azúcar y hielo picado– también se remonta a la guerra de la independencia cubana, aunque se atribuye tanto a un general estadounidense como a un ingeniero que trabajaba en unas minas de la pequeña población de Daiquiri. Ambos añadieron el hielo a la sencilla combinación de ron y limón para mitigar el calor. Este cóctel fue inmortalizado por el escritor Ernest Hemingway, que lo tomaba en el bar El Floridita de La Habana Vieja. Por su parte, el mojito –preparado en vaso bajo, con azúcar, hojas de hierbabuena, jugo de lima y limón, agua con gas y ron, y tomado con la ayuda de una pajita– parece que nació a

inicios de la década de 1930 ante la voluntad de los hoteles cubanos de ofrecer una nueva bebida a los turistas estadounidenses, que en su país sufrían la Ley Seca. Más suave que el daiquiri, el mojito puede tomarse a cualquier hora del día. La piña colada –con crema de coco, zumo de piña y ron blanco– nació en Puerto Rico a mediados de la década de 1950. Su creador fue el barman Ramón Marrero, "Monchito", del Hotel Caribe Milton, que experimentó con diversas combinaciones alcohólicas para evitar el dolor de cabeza matinal que acostumbraban a sufrir sus clientes. En Puerto Rico, donde se elabora buena parte del ron que se exporta a Estados Unidos, también son populares el *rum sangria,* con pedazos de manzana y uvas, o el *mai tai,* con jugo de limón, zumo de naranja, sirope de almendra, granadina, ron dorado y ron oscuro.

Otras bebidas

Junto al indudable predominio del ron, los países del Caribe cuentan con otras interesantes bebidas, que acostumbran a aprovechar su increíble oferta de frutas y plantas tropicales. En Cuba destacan el guarapo, un zumo de caña de azúcar de origen africano y servido con un poco de hielo, y el *pru,* elaborado con raíces y muy digestivo. En República Dominicana, el *pru* se conoce como mabí y se toma siempre muy frío. En este mismo país también es popular el *cacheo,* producido a partir de una ligera fermentación del jugo del tallo de un tipo de palmera del mismo nombre. El licor de café jamaicano ha llegado a todo el mundo gracias al éxito de Tía María, con el que también se elaboran todo tipo de cócteles. El café es también muy popular en Cuba o Puerto Rico, donde acostumbra a tomarse en poca cantidad pero con sabor fuerte. Entre los zumos naturales destaca desde la limonada cubana hasta los elaborados con tamarindo, piña, papaya, guayaba o mango. Tambien son muy habituales los batidos, preparados con pedazos de fruta, azúcar y un poco de leche, que pueden tomarse como refrescos o como postres. Como en prácticamente todo el mundo, también es popular la cerveza, con marcas cubanas muy consumidas.

Restaurantes y establecimientos

- Dirección
- Teléfono
- Fax
- Correo electrónico
- Página web

PRECIO:

- € Menos de 30 euros
- €€ Entre 30 y 60 euros
- €€€ Más de 60 euros

A CORUÑA

LA PALADAR DE DULZAIDES

Falperra, 3. 15005 **A Coruña**
881 924 161
www.lapaladardedulzaides.com
PRECIO: €

Nuevo restaurante de cocina caribeña regentado por cubanos. Especialidades típicas como el potaje de frijoles, los tostones, la mariquita, el arroz congrí o las masas de cerdo fritas.

ASTURIAS

EL BEMBÉ

Príncipe, 20. 33205 **Gijón**
985 333 761
PRECIO: €

El restaurante de Alejandro Fernández-Canteli ofrece una elaborada y amplia carta, con más de 40 recetas tradicionales cubanas: ropa vieja, arroz congrí, tamal en hoja, tamal en cazuela, pollo pío pío o papas rellenas son algunos de los platos que se sirven en este acogedor local decorado con obras de artistas españoles y cubanos.

BARCELONA

ACHÉ PA TI

Castillejos, 208.
08013 **Barcelona**
932 450 865
PRECIO: €

Un local bien decorado, cálido y acogedor que ofrece las más típicas especialidades cubanas, desde el moros y cristianos al picadillo habanero o la ropa vieja, y que presenta todos los platos al mismo tiempo, como es tradición en la isla caribeña.

EL PALADAR DEL SON

Torrent de les Flors, 6.
08024 **Barcelona**
932 851 740
PRECIO: €

Bien considerado entre sus compatriotas, elabora las mejores especialidades isleñas, como los tostones, el tamal o la crema caldosa de verduras. Pequeño y acogedor, ofrece espectáculos en directo.

HABANA BARCELONA

Escar, 1. 08003 **Barcelona**
932 250 263
PRECIO: €

Amplio establecimiento con vistas al mar, punto de unión entre la cocina mediterránea y la caribeña, que se funden en este restaurante. De ello resultan especialidades como la ensalada de queso de cabra o el combinado cubano, con lo mejor de la isla.

HABANA VIEJA

Banys Vells, 2.
08038 **Barcelona**
932 682 504
PRECIO: € €

Lilian Díaz Suárez regenta este tradicional establecimiento, cuya fidelidad al recetario isleño, su amplia carta y el buen gusto de sus presentaciones lo han convertido en uno de los mejores restaurantes del país. Entre sus platos destacan los tradicionales ropa vieja y arroz congrí.

PUERTO PLATA

Tragí, 1.
08003 **Barcelona**
932 683 674
PRECIO: €

Este restaurante caribeño está especializado en cocina dominicana. Los guisos de carne son los platos de la casa, pero también tienen un lugar destacado el tostón de plátano, la yuca o la gran variedad de arroces acompañados de frijoles o judías rojas, entre su habitual oferta.

LUGO

LA GUAGUA

Ctra. Vieja de Santiago, 274.
27004 **Lugo**
982 224 454
PRECIO: €

Especializado en platos caribeños y mexicanos, aunque con un peso importante del recetario cubano. Especialistas en recetas de carnes, disponen de los platos isleños más tradicionales y populares.

MADRID

BRISAS DE HOLGUÍN

Amparo Usera, 9.
28026 **Madrid**
915 003 214
PRECIO: €

Este establecimiento era antes sólo restaurante, ahora es un bar musical que sirve tapas cubanas, como las costillitas o las masitas de cerdo fritas, y cócteles caribeños, entre los que destacan el mojito y el daiquiri.

CABO FRÍO

Corazón de María, 39.
28002 **Madrid**
914 155 020
PRECIO: €

Platos como la ropa vieja y arroz congrí son las especialidades de este establecimiento dedicado a la cocina tradicional caribeña y muy especialmente a la cubana.

CENTRO CUBANO

Claudio Coello, 41.
28001 **Madrid**
915 758 279
restaurante@elcentrocubano.com
www.elcentrocubano.com
PRECIO: €

Amplios salones donde encontrar las recetas cubanas más tradicionales y gustosas. Las enchiladas de camarones, la vaca frita o el lechón asado pueden degustarse en este local sencillamente decorado o probarse en casa; la empresa Baguise (901 100 022) se encarga del reparto a domicilio.

CUANDO SALÍ DE CUBA

Ternera, 4.
28013 **Madrid**
915 229 318
PRECIO: €

Cocina tradicional cubana entre la que destacan platos tan típicos como la ropa vieja, el chilindrón de chivo o la enchilada de camarones con arroz blanco. La velada mejora con la actuación de música cubana en directo de miércoles a sábado.

EL CUBANITO

Bravo Murillo, 10.
28015 Madrid

914 471 547

PRECIO: €

Sencillo pero sabroso establecimiento de comida caribeña que tiene como especialidades los bocadillos cubanos: el sandwich maestro, el de la casa, el de pierna de lechón asado con jamón cocido. Tiene otro local en el número 61 de la calle Oraá.

HABANA MADRID

Andrés Obispo, 49.
28043 Madrid

913 889 020

PRECIO: €

Interesante restaurante especializado en cocina cubana con el mejor ambiente de la isla, especialmente el fin de semana, pues viernes y sábados ofrece música en directo y no cierra hasta las 4 de la madrugada. Entre los platos, sobresalen la pierna asada y la ropa vieja.

LA BOCA DEL LOBO

Avda. Argumosa, 11.
28012 Madrid

914 676 151

www.labocadellobo.com

PRECIO: €

Taberna que combina cocina española, oriental y caribeña. Buenos platos, como los huevos caribeños con arroz, frijoles negros, carne mechada, yuca, maíz, aguacate y queso y deliciosos cócteles y "vitaminas", zumos licuados naturales y tropicales.

LA COLONIAL DE HUERTAS

Huertas, 66.
28014 Madrid

914 2298 936

PRECIO: €

Acogedor restaurante decorado con motivos coloniales que ofrece un recetario especializado en la cocina caribeña con los mejores platos, pinchos y bebidas de todas las islas. Para comer se recomienda la especialidad de la casa, ropa vieja, que puede acompañarse de cristal, la típica cerveza cubana. Tras la cena se puede probar cualquiera de los buenos cócteles.

LA COMERCIAL CUBANA

Alberto Alcocer, 32.
28036 Madrid

914 570 879

PRECIO: € €

Amplia carta de especialidades típicamente cubanas, aliñadas con música en directo todos los días de la semana.

LA NEGRA TOMASA

Cádiz, 9.
28012 Madrid

915 235 830

PRECIO: €

Acogedor local, deliciosamente decorado, donde degustar las recetas cubanas más tradicionales. Y tras probar el arroz congrí, el moros y cristianos o el lechón asado, un espacio donde bailar y disfrutar de la música cubana en directo cualquier noche de la semana a partir de las 23:30.

LARIOS CAFÉ

Silva, 4.
28013 Madrid

915 479 394

www.larioscafe.com

PRECIO: €

La música latina ameniza las cenas centradas en cocina canaria y cubana que ofrece este local. Restaurante y bar de copas moderno orientado a gente joven y *fashion*. En fin de semana es recomendable reservar.

LÍA...ME

Reina, 25. 28004 Madrid

915 223 483

PRECIO: € €

Especializado antaño en comida dominicana, con el nombre de Lía, el reformado restaurante, ahora Lía...me, ha renovado también su cocina. A las recetas caribeñas se unen las especialidades vascas creando una curiosa carta, que puede catarse en un buen menú degustación.

MAMA FRANCISCA

Álvarez Gato, 9.
28012 Madrid

915 323 324

www.interocio.es/mama francisca

PRECIO: €

Cocina tradicional cubana, que va más allá de la típica ropa vieja para ofrecer como especialidad de la casa el guayabero, un picadillo de cerdo frito con ensañada y tomate. No hay que dejar pasar los cócteles, que pueden degustarse tras la cena, cuando el local se transforma en bar de copas.

PALADAR "EL FAUSTO"

Águila, 2. 28005 Madrid

913 645 640

PRECIO: €

Aída Maria Phinney es la propietaria del que está considerado uno de los mejores restaurantes cubanos del país. Recetas cuidadas y elaboradas de los platos más sabrosos del Caribe, como el picadillo habanero, el moros y cristianos o la yuca con mojo. Destaca también el amable trato del servicio y el local acogedor.

RODI CARIBE

Claudio Coello, 108.
28006 Madrid

915 631 168

PRECIO: €

Establecimiento de cocina caribeña especializado en bufés con platos basados en carnes rojas. Amplio local en la zona de Salamanca con capacidad para 200 comensales.

SABOR HABANA

López de Hoyos, 144.
28002 Madrid

914 158 521

saborhabana@terra.es

PRECIO: € €

Los ángeles de solomillo, ropa vieja y los filetes de pescado a los compadres son los platos cubanos especialidad de la casa. Música en directo los fines de semana a partir de las 00:30.

TEMPO

Duque de Osuna, 8.
28015 Madrid
915 477 518
PRECIO: €

Local que combina un restaurante de cocina internacional con una sala de conciertos y bar de copas. Entre las recetas, destacan los platos caribeños y cubanos.

TOCORORO

Prado, 3. 28014 Madrid
913 694 000
www.el-tocororo.com
PRECIO: €

La amplia carta de especialidades cubanas y las abundantes raciones son la referencia del establecimiento que dirige Yilian Pita. Especialidad en recetas como las frituras de malanda, los tostones rellenos y el plato de la casa, la langosta Tocororo, en salsa de gambas y almejas. La comida se redondea con los postres caseros.

ZARA

Infantas, 5. 28004 Madrid
915 322 074
PRECIO: €

Sencillo local que ofrece cocina cubana. Recetas fieles y caseras que han convertido este local en uno de los mejores restaurantes de cocina caribeña. Entre las especialidades de la casa destacan la ropa vieja y los tamales en su hoja.

MÁLAGA

CARIBBEAN CAFE

Ruperto Andués, 11.
29780 Nerja
952 528 953
PRECIO: €

Interesante restaurante de cocina caribeña que, como pocos en nuestro país, ofrece gastronomía de las islas Caimán. Platos como las alitas de pollo marinadas picantes, brocheta mixta marinada al estilo isleño o gambas caribeñas son algunas de las especialidades que propone este establecimiento.

OURENSE

EL CANTINERO DE CUBA

Samuel Eiján, 8.
32003 Ourense
988 374 276
PRECIO: €

Restaurante especializado en cocina cubana que presenta los platos isleños más tradicionales. Especialidades cubanas y de la casa son la ropa vieja o el moros y cristianos.

SEVILLA

HABANITA

Callejón Golfo, 3.
41004 Sevilla
954 219 516
habanita@andalunet.com
www.andalunet.com/habanita
PRECIO: €

Especializado en cocina cubana y vegetariana, este pequeño pero agradable establecimiento tiene como plato de la casa la ensalada habanita, con champiñones, manzana y beicon con una salsa afrodisíaca.

VALENCIA

SALSA HABANA II

Avda. Blasco Ibáñez, 142.
46022 Valencia
963 725 771
PRECIO: €

Restaurante especializado en cocina caribeña con las especialidades más típicas cubanas, como el arroz congrí o la ropa vieja.

VALLADOLID

PALADAR CUBANO

Alonso Berruguete, 4.
47003 Valladolid
983 201 449
PRECIO: €

Las especialidades cubanas elaboradas, presentadas y servidas de la forma más tradicional. Entre sus platos se encuentran los típicos moros y cristianos o ropa vieja.

VIZCAYA

LA PEQUEÑA HABANA

Alameda Recalde, 45.
48008 Bilbao
944 104 880
contacto@laPequenaHabana.com
www.lapequenahabana.net
PRECIO: €

Potaje de frijoles negros, camarones enchilados o lechón asado con arroz moro son algunas de las especialidades que ofrece este cuidado restaurante de cocina vasca y cubana. Viernes y sábados se organizan espectáculos de son, salsa, rumbas y boleros en directo.

ESTABLECIMIENTOS

BARCELONA

BIOMÓN. CUINES DEL MÓN

Esteve Berenger, s/n.
08440 Cardedeu
938 713 452

Abierto de 9:00-14:00 / 17:00-21:00.
Establecimiento con productos de los cinco continentes, donde los productos sudamericanos y caribeños tienen una gran importancia.

CAPRICHOS LATINOS

Maladeta, 14.
08906 Barcelona
934 377 121

Abierto de 10:00-22:00. Domingos tarde cerrado.
Variado establecimiento de alimentación que importa lo mejor de 13 países latinoamericanos. Los productos de alimentación más típicos del Caribe se pueden encontrar sin problemas en este local.

COLMADO AFROLATINO

Vía Layetana, 15.
08003 Barcelona
933 104 234
Fax 932 682 743

Abierto de 9:00-21:00.
Amplia oferta de productos latinoamericanos, con todos los productos imprescindibles para llenar la despensa necesaria para el recetario caribeño. Este establecimiento permanece abierto los siete días de la semana.

SOCO LATINO
Lepanto, 362.
08025 **Barcelona**
934 500 385
Abierto de 10:00-21:00.
Domingos 10:00-15:00.
Achicote, caña de azúcar, ñame...
y todos los productos básicos en la despensa caribeña. Gran surtido de productos procedentes del Caribe y Sudamérica.

SOLEY
Hospital, 35.
08001 **Barcelona**
933 011 529
Abierto de lunes a jueves de 9:00-16:00. Viernes y sábados de 9:00-20:00.
Tras el mercado de la Boquería, un establecimiento con una amplia variedad de productos, con un peso importante de ingredientes latinoamericanos. Tubérculos y zumos tropicales, frutas y verduras exóticas, guaraná o azúcar, son algunos de los productos.

MADRID

SUPERMERCADO LATINOAMERICANO
Juan Pantoja, 9.
28039 **Madrid**
913 980 173
Abierto de 10:00-2:00. Domingos de 11:00-22:00.
Especializado en alimentación latinoamericana, con productos de América del Sur y del Caribe. Los víveres más típicos de República Dominicana, Cuba y los países de la zona, se pueden encontrar en esta tienda que dispone de las mejores frutas tropicales de importación directa.

TIENDA NATIVO
General Ricardos, 136.
28019 **Madrid**
914 710 069
Abierto todos los días de 10:00-22:00.
Víveres de importación de América continental y el Caribe. Gran variedad de productos alimenticios y bebidas.

TIENDA NATIVO
Ferrocarril, 20.
28045 **Madrid**
914 682 675
Abierto todos los días de 10:00-22:00.
Productos de alimentación caribeños, imprescindibles para la despensa de esta cocina.

TIENDA NATIVO
Carranza, 24.
28004 **Madrid**
914 48 1030
Abierto todos los días de 10:00-22:00.
Establecimiento que dispone de los ingredientes más usados en la cocina latinoamericana.

TIENDA NATIVO
Alcalá, 257.
28027 **Madrid**
913 264 941
Abierto todos los días de 10:00-22:00.
El cuarto establecimiento madrileño de la cadena Tiendas Nativo sirve todo tipo de productos de alimentación sudamericana y caribeña, como el maíz de mazorca.

VALENCIA

BODEGA TROPICAL
Julio Antonio, 11.
46007 **Valencia**
963 410 845
Abierto todos los días de 10:00-22:00.
Productos alimenticios latinoamericanos, con una amplia variedad de maíz (de mote, para tostar...), sazones e incluso bebidas sudamericanas y caribeñas.

TROPICALIA
Matías Perelló, 52.
46005 **Valencia**
963 346 917
Abierto de 10:00-14:00 / 17:00-21:00. Sábados tarde y domingos cerrado.
Amplia variedad de víveres latinoamericanos, con una gran importancia de productos provenientes América continental y el Caribe.

Glosario

Acerola
Fruto del acerolo. Es redondo, encarnado o amarillo, carnoso y agridulce, y tiene dentro tres huesos juntos muy duros.

Ajiaco
Plato cubano en que se cuecen juntos distintos tipos de carne (de cerdo, res y pollo) junto con patata, boniato, yuca, ñame, malanga, calabaza y maíz. Se sazona con cebolla, ajo, orégano y laurel.

Ajo puerro
Allium ampeloprasum. También recibe el nombre de puerro silvestre, ajete silvestre o ajo de cigüeña.

Alcaparrado
En Cuba y otros países caribeños, alcaparras en conserva. En España, preparación de aceitunas verdes, normalmente de pequeño tamaño, enteras o deshuesadas, con alcaparras y a veces con pimiento rojo.

Amelcocharse
Reblandecerse.

Arroz a la chorrera
En Cuba, arroz caldoso de pollo o gallina.

Arroz vaporizado
El arroz vaporizado o sancochado es un arroz de grano largo sometido a remojo en agua caliente y rehogado en vapor de agua a baja presión antes de ser descascarillado y blanqueado. En ese proceso, parte de los minerales y vitaminas de la cutícula pasan al interior del grano, por lo que es más firme y no se pasa después de preparado.

Arúgula
Roqueta, rúcula, rúcola.

Bureche
Licor fermentado a base de cazabe.

Cazabe
Torta que se hace en varias partes de América con una harina sacada de la raíz de la mandioca.

Chayote
Fruto comestible de la chayotera, una especie de calabaza trepadora originaria de México y América Central. Puede ser amarillo o verde claro y se caracteriza por su forma alargada y una piel rugosa. Su pulpa es blanca y firme, dulce y con un alto contenido de agua.

Chive
Sémola de yuca (mandioca) fermentada y precocinada, similar al *gari* africano.

Cilantrillo
El cilantro o culantro *(Coriandrum sativum)* es una hierba muy popular en Puerto Rico y República Dominicana, donde recibe este nombre.

Confitar
Técnica para la conservación de alimentos que consiste en cocinarlos lentamente en su propia grasa.

Demi-glace
Reducción de cualquier fondo hasta conseguir textura de napado.

Deshilachado
Deshebrado. Procedimiento empleado para separar las hebras o hilos de carne en platos como la ropa vieja y otras preparaciones caribeñas en las que las carnes se presentan en hilos.

Empanizar
En Cuba y República Dominicana, empanar. Rebozar un alimento en pan rallado para freírlo.

Enchilar
En Cuba, condimentar un alimento.

Estragón
Utilizado como condimento, la planta presenta tallos delgados y ramosos, hojas muy estrechas y flores en cabezuelas pequeñas, amarillentas, en el extremo.

Farinha
Subproducto de la yuca o mandioca. Son sus raíces peladas, ralladas y exprimidas. Luego se tuestan, generalmente en bandejas de cobre, hasta que quedan secas y se convierten en harina.

Flanera
Molde en que se cuaja el flan.

Fufú
En Puerto Rico y Cuba, comida de origen africano, hecha de plátanos verdes y pintones hervidos mezclados con chicharrones o carne de cerdo frita.

Guanábana
Fruta del guanábano, árbol de las Antillas de la familia de las *Anonáceas*. Presenta una forma acorazonada y una corteza verdosa, con leves púas, pulpa blanca de sabor dulce y semillas negras.

Guayo
Rallador.

Juey
En Puerto Rico, cangrejo de tierra.

Machuquillo
Plato cubano que consiste en plátano verde frito y aplastado hasta lograr una masa pastosa a la que se adiciona un poco de manteca o chicharrones.

Majar
Machacar un alimento en el mortero hasta obtener una pasta.

Malanga
Tubérculo comestible de una planta arácea, de hojas grandes acorazonadas y tallo muy corto que se cultiva en terrenos bajos y húmedos. De forma similar a la yuca, su carne es entre blanquecina y beige y tiene un piel velluda de color marrón. En Cuba se consume sobre todo hervida y frita.

Masas de cerdo
Dados de tamaño medio de carne de cerdo, normalmente magra.

Mojo
En Cuba, salsa.

Nahua
Antiguo pueblo indio que habitó la altiplanicie mexicana y parte de América Central antes de la llegada de los españoles.

Nueces de pino
Piñones.

Plátano pintón
Plátano macho semimaduro.

Reducir
Hacer hervir para que espese una preparación, normalmente un fondo o una salsa, por efecto de evaporación.

Refrito
Aceite frito con ajo, cebolla, pimentón y otros ingredientes que se añaden en caliente a algunos guisos.

Salmorejo
Especie de puré elaborado a partir de pan, huevo, tomate, pimiento, ajo, sal y agua, todo ello muy desmenuzado y batido.

Sellar
Saltear un alimento a fuego vivo por todos los lados para que queden cerrados los poros y todos los jugos se mantengan en su interior.

Tamal
Especie de empanada de masa de maíz, envuelta en hojas de plátano o de mazorca del maíz y hervida, cocida al vapor o en el horno. Las hay de diversas clases, según el relleno elegido y se consumen en la mayor parte de América del Sur.

Tasajo
Pedazo de carne seco y salado o acecinado para su conservación. Tradicionalmente, es carne de caballo, pero se elabora también con otros tipos carnes.

Tempranillo
Variedad de uva tinta y, por extensión, vino elaborado con ella.

Tirabeque
Guisante mollar. Es una variedad de guisante cuya vaina es plana y de color verde intenso y se consume junto con las semillas.

Torreja
Torrija. Rebanada de pan empapada en vino o leche y rebozada con huevo. Luego se fríe y se endulza con azúcar, almíbar, etc.

Tostones
También llamados patacones, son rodajas de plátano macho fritas, chips de plátano.

Yare
Jugo resultante de exprimir la pulpa rallada de la yuca y hervirla.

Yautía
Planta arácea endémica de Puerto Rico cuyos tubérculos, similares a los de la malanga, son comestibles.

Índice de recetas